suhrkamp taschenbuch
wissenschaft 747

Ich wurde im Februar des Jahres 1918 am Fuß der Hohen Tatra geboren. Diese gehörte noch bis zum Oktober desselben Jahres zum Kaiserlichen und Königlichen Österreich-Ungarn, danach zur Tschechoslowakei, einem bis 1938 demokratischen Staat. Die Zeit von 1936 bis 1939 verbrachte ich in »meinem« geliebten Prag, das ab 1939 Hauptstadt des zum »Dritten Reich« gehörigen Protektorats Böhmen und Mähren war. Ich kehrte in meinen Geburtsort zurück, der inzwischen, durch »Führerbeschluß«, in den selbständigen »Slowakischen Staat« zu liegen gekommen war. Das Jahr 1940 verbrachte ich in Kaschau. Diese Stadt – kurze Zeit vorher noch die »Metropole der Ostslowakei« – war durch eine Schenkung des Großdeutschen Reichs an das noch feudale, etwas operettenhafte Ungarn zur oberungarischen Stadt geworden. Die letzten drei Kriegsjahre hielt ich mich in Budapest auf. Hier wurde ich am 6. Januar 1945 durch die Russen vom Nazi-Regime befreit, um die folgenden Jahre in Prag unter der Bevormundung einer anderen Diktatur zu verbringen. Von 1945-1949 absolvierte ich mein Medizinstudium, war anschließend in der Inneren Abteilung der Universitätsklinik als Assistenzarzt tätig, danach Chefarzt auf der Inneren Abteilung einer psychiatrischen Heilanstalt in Prag. Seit 1964 lebe ich als Psychoanalytiker in Frankfurt am Main, anfangs als wissenschaftlicher Assistent im Sigmund-Freud-Institut bei Alexander Mitscherlich, dann niedergelassen.

Sigmund Freud meinte, ein Analytiker müßte etwas gesünder, weniger neurotisch sein als sein Patient. Heißt dieses »gesünder« nicht, »etwas mutiger«? Ich glaube, der Analytiker wagt *seinen* Konflikt, *seine* Regungen frei-mütiger wahr-zunehmen. Ich glaube weiter, daß jedes schöpferische Geschehen wie jeder Traum ausschließlich ein *eigenes* Anliegen, einen *eigenen* Konflikt behandeln. Daher ist es überflüssig, ja schädlich, das Eigenste, das Selbst und seine Schwierigkeiten, nur heimlich, unter dem Deckmantel »objektiver« Wissenschaft, gleichsam illegal zu be-handeln.
Diese Einsicht, die ich in meinen Lehranalysen und in der Arbeit mit meinen Patienten gewonnen habe, macht es mir möglich, das vorliegende Buch zu veröffentlichen, quasi aus dem Untergrund aufzutauchen.
Da ich, wie ich im folgenden darstellen werde, zu der Überzeugung gekommen bin, daß das Selbst des Menschen artspezifisch – die ihn von seiner Geburt an bewegende Kraft – ist, daß er sich jedoch von der Gesellschaft gezwungen fühlt, es zu verleugnen, helfe ich meinen Patienten durch meinen etwas größer gewordenen Mut, zu ihrem Selbst zu stehen. So werden sie in die Lage versetzt, auch mir zu helfen, für mich selbst befriedigende Zusammenhänge herzustellen. Wir unterstützen uns gegenseitig darin, das, was wir ausdrücken wollen, dem uns relevanten »Publikum« auch wirklich sagen zu können. (Zoltán E. Erdély)

Zoltán E. Erdély

Wie sag ich's meiner Mutter?

Das enteignete Selbst

F.v.A. sagt S.E.
Sept. '05

Suhrkamp

CIP-Titelaufnahme der Deutschen Bibliothek
Erdély, Zoltán E.:
Wie sag ich's meiner Mutter :
das enteignete Selbst /
Zoltán E. Erdély. –
1. Aufl. – Frankfurt am Main : Suhrkamp, 1989.
(Suhrkamp-Taschenbuch Wissenschaft ; 747)
ISBN 3-518-28347-2
NE: GT

suhrkamp taschenbuch wissenschaft 747
Erste Auflage 1989

Druck: Wagner GmbH, Nördlingen
Printed in Germany
Umschlag nach Entwürfen von
Willy Fleckhaus und Rolf Staudt

1 2 3 4 5 6 – 94 93 92 91 90 89

Inhalt

Für Mausi

Vorwort

Die hier veröffentlichten Aufsätze haben eine lange Vorgeschichte. Ich hatte bereits im Jahre 1950 zu schreiben begonnen, schrieb aber immer so, daß mir aufgrund bestimmter Fehler, die ich übrigens auch analog in manuelle Arbeiten sich einschleichen ließ, die Veröffentlichung nicht gelang, nicht gelingen konnte. Wohlwollende Kritiker meinten, sie hätten beim Lesen eine ungeheure Wut auf mich gehabt. Damals schrieb ich *gegen* eine Instanz und nicht zu meiner eigenen Befriedigung. Letztere kam daher konsequent zu kurz, *mir* blieb nur ein unfruchtbares Leiden und Bissigkeit. *Leidend* gab ich das Schreiben immer wieder auf, um etwa im Jahre 1976 definitiv zu resignieren. 1984 gab mir Frau E. Böttge, die meine Gedanken kennengelernt hatte und bestätigte, den Anstoß, das Schreiben wieder aufzunehmen. Einige junge Kollegen hatten immer wieder gefragt, wo sie über meine Auffassungen mehr erfahren könnten. Ich begann erneut zu schreiben, aber wieder destruktiv-aggressiv, den Widerstand des Lesers provozierend. Frau Christel Schöttler bin ich dankbar dafür, daß sie – meine Provokationen außer acht lassend – meine Arbeiten gut hieß, und ich anfangen konnte, *anders* zu schreiben. Diese Veränderung nahm auch meine Frau wahr; sie blieb zwar meine unerbittliche Kritikerin, aber diesmal gefiel ihr, was ich geschrieben hatte, es erfüllte sie nicht mehr mit Angst. So vermochte sie mit wohltuender Ausdauer und ermutigend zu mir (selbst) zu stehen.

Daß schließlich die vorliegenden Aufsätze zur Veröffentlichung kamen, dazu hat mir (mit) tat-(und) kräftig Frau Schöttler verholfen. Daß Herr Friedhelm Herborth, mein Lektor, und Frau Elke Habicht an meinen Aufsätzen Gefallen fanden, hätte ich, nach meinen Erfahrungen mit mir, nie zu glauben gewagt.

Die Doppelgleisigkeit in der Motivation des Handelns nach dem Muster Pflicht und/oder Neigung beschäftigt mich seit langem. Die Interferenz dieser beiden Beweggründe und die daraus folgenden neurotischen Störungen sind das Thema der folgenden Aufsätze. Als ich die Arbeit daran abgeschlossen hatte, fragte ich mich, ob etwas und, wenn ja, was, sie neben der genannten Gemeinsamkeit verbindet, ob sie ein gemeinsames Motiv vom Ansetzen der Feder bis zum Schlußpunkt haben. Ich stellte fest, daß sich alle fünf Aufsätze aus mehr oder weniger unterschiedlichen Richtungen thematisch, einem Sternmarsch gleich, auf einen Punkt hin-bewegen. Und das ist der Leitgedanke: CETERUM CENSEO SUPER-EGO ESSE DELENDAM. Ein doch recht martialisches Motiv, werden manche sagen. Mit »Ceterum censeo Carthaginem esse delendam« soll der ältere Cato alle seine Senatsreden geschlossen haben, um den Römern immer wieder deutlich zu machen, daß ohne Vernichtung des wichtigsten phönizischen Handelshafens die eigene Weltmachtstellung nicht zu erreichen und zu festigen sei. Mein Leitgedanke zielt – durchaus nicht selbst-los – auf die Befreiung von Menschen, auf das Wieder-Zulassen ihrer individuellen Selbstverwaltung, ihre Befreiung von einer letztlich immer destruktiven, absolutistisch herrschenden, verinnerlichten Instanz, die das Individuum mittels Schuldgefühlen manipuliert und gewöhnlich als Über-Ich bezeichnet wird.

Wie sag ich's meiner Mutter?

Das enteignete Selbst

»... Und ich habe ihnen (der Jugend) gesagt: kein Ideal ist es wert, daß ihr seinethalben versäumt, auch nur den Duft einer Blume, auch nur eines von ungezählten Lächeln eines Kindes, auch nur einen Trunk, einen Kuß zu genießen. Denn dies, sagte ich ihnen, ist die Wahrheit: der Mensch ist einzig, sein Leben ist es. Hic et nunc salta! Ein anderswo gibt es nicht, später ist zu spät.«

»... ich habe versucht, den Menschen Mut zu machen: frei zu sein, frei von Glauben, frei von Illusionen, frei von allen Bindungen außer ans Leben.«

(Manès Sperber)

Zu diesem Aufsatz wurde ich durch ein Gespräch mit H. Müller-Braunschweig über seine Arbeit »Frühe Objektbeziehungen und künstlerische Produktion« (1964) angeregt. Er vergleicht dort anhand der Darstellung der Behandlung einer Patientin die Beziehung zwischen dem Künstler und seinem Publikum mit der präverbalen Beziehung zwischen dem Kind und seiner Mutter. Müller-Braunschweig beschreibt, wie die offensichtlich nur wenig einfühlsame Mutter der Patientin ihre Tochter in deren Ausdrucksfähigkeit und kindlicher Kreativität beschämte, sie gleichsam lahmlegte. Die Patientin erkrankte mit neun Jahren an Kinderlähmung. Die Erkrankung hinterließ eine schwere Behinderung; erst nach mehreren Operationen konnte sich die Patientin wieder allein fortbewegen. Als sie 36jährig in der psychoanalytischen Behandlung ihre Ausdrucksfähigkeit, ihre Fähigkeit zu zeichnen und zu malen, (wieder-)entdeckte, wurde sie vorübergehend psychotisch.

Ich selbst habe drei Patientinnen behandelt, die, als sie aus ihrer »Behinderung in die Freiheit gelangten«, mit psychotischen Episoden reagierten. Mich faszinierte der Gedanke, *Freiheit mache verrückt.* Die Ängste der Patientinnen vor dem Ausleben eigener Bedürfnisse, dem Leben »von selbst«, waren die Folge langjähriger Gängelung, Folge des Verlusts der Fähigkeit, sich *selbst*-gesteuert zu bewegen. Bei allen vier Patientinnen war aus der Lebensgeschichte zu erkennen, daß in ihrer Kindheit der Wunsch, »von selbst« zu leben, Ablehnung von seiten der Mutter nach sich zog. Mich erinnerten die Ängste dieser vier Frauen an die von Zwangsneurotikern beim Versuch, *Zwänge* nicht zu befolgen und statt dessen die Gelüste, die sie erfüllten, ihr *Selbst*, der Mutter bzw. der Öffentlichkeit zu enthüllen.

Die erste meiner drei Patientinnen, eine hübsche, attraktive Blondine, war 19 Jahre alt, als sie wegen einer akuten Psychose in Prag zu mir kam. Im Alter von vier Jahren hatte man bei ihr ein harmloses Herzgeräusch irrtümlich als »Herzfehler« diagnostiziert. Der überfürsorglichen Mutter wurde nahegelegt, das Kind zu schonen. Sie befolgte diesen Rat brav und gewissenhaft und hinderte ihre Tochter – ihr einziges Kind –, ihrem Alter entsprechend zu leben. Erst als die Patientin 19 Jahre alt war, wurde das Herzgeräusch bei einer Routineuntersuchung durch Spezialisten des Forschungsinstituts für Herz- und Gefäßerkrankungen als harmlos erkannt. Der Patientin wurde mitgeteilt, sie sei gesund und könne »tun, was sie wolle«. Darauf reagierte sie mit einer kurzen, aber heftigen Psychose.

Welches Geschehen lag dieser Entwicklung zugrunde?

Der Patientin wurde im Kleinkindalter ihre Selbst-Wahrnehmung verboten. Sie durfte nicht nach Herzenslust herumtollen, wozu sie – da sie gesund war – auch fähig gewesen wäre; ihre Motorik mußte sich den Anweisungen der falsch informierten Mutter unterordnen. Anders ausgedrückt, bei der Patientin war es zu einer sensomotorischen Dissoziation mit Ausschaltung des Sensoriums und seiner Substitution durch die irrationalen Forderungen der Umwelt gekommen. Die Sinnlichkeit des Kindes, sein Selbst waren für die Mutter offenbar beunruhigend; das Kind mußte daher, wollte es die Mutter zufriedenstellen, auf seine eigene Befriedigung verzichten. Als die Patientin mit 19 Jahren an ihrer Selbst-Befriedigung nicht mehr gehindert wurde, verfiel sie der Angst, ihre Mutter, ihre Welt, könnten untergehen, wenn sie *ihre* Realität, *ihre* Bedürfnisse wahr-nehmen würde.

Zusammenfassend kann man sagen: Die Mutter versäumte es, ihr Kind trotz der folgenschweren Diagnose fachärztlich untersuchen zu lassen. Sie verhielt sich der Autorität des Arztes gegenüber gläubig. Diese beiden Momente lassen darauf schließen, daß sie sich weder von ihrer eigenen Wahrnehmung des Kindes noch von echter Mütterlichkeit bewegen ließ, sondern daß ihr Verhalten vom Über-Ich gesteuert wurde.

Als ich die zweite der erwähnten Patientinnen, Frau S., kennenlernte, stand sie vor dem Abschluß ihres Medizinstudiums. Sie litt an Lern- und Arbeitsstörungen, sagte, sie

»verweigere« sich »dem Lernen«, wie sie sich »der Mutter stets verweigert habe«; sie lehne sich auf, könne andererseits mit ihrer »Freiheit als Studentin nichts anfangen«; »im Beruf« hoffe sie das zu machen, »was Spaß macht«; Bedenken bereite ihr jedoch, daß sie sich »nach gut bestandenen Prüfungen sehr unsicher fühle«.

Der Vater der Patientin war Arbeiter, sie die erste Akademikerin in der Familie. Sie erzählte, sie sei den Weg von einer Zwergschule über den zweiten Bildungsweg zur Uni gegangen. Und sie ist ihn gegangen, obgleich ihr als Kind »bei Aufsässigkeit mit Fürsorgeerziehung gedroht worden war«.

Es war nicht zu überhören: die Patientin schreckte der Erfolg und die »drohende Befreiung«, sie war verunsichert, hatte Angst. Nie habe sie unbefangen Kind sein dürfen, sie sehne sich danach, nochmals klein zu sein, »machen zu können, was Spaß macht«; das erhoffe sie sich von ihrem Beruf. Andererseits sei ihr bange vor dem Erwachsenwerden. In diesem Sinne dürfen wir auch ihre späte, erst mit 17 Jahren auftretende Menarche verstehen.

Frau S. wurde kurz vor einer ihrer letzten Prüfungen psychotisch. Die Psychose verlief außerordentlich heftig, hielt jedoch nur wenige Wochen an. Es war im Februar eines kalten Winters, als Frau S. vor meine Privatwohnung kam und sich auf der Straße nackt auszog, wie mir meine Nachbarn erzählten. Ein andermal kam sie in die Wohnung, als ich zu Hause war; sie war total verwirrt, unansprechbar und ich hilflos. Doch kaum war sie etwas ausgeglichener, führten wir Gespräche, die ich jedesmal als sehr anregend und unmittelbar empfand. Ich hatte den Eindruck, sie habe sich nackt ausgezogen, weil sie bei mir

nicht in Examensleistungen, in Leistungen übcrhaupt gehüllt ankommen wollte.
Es kam zu vier weiteren psychotischen Schüben, immer vor Prüfungen, zuletzt vor ihrer Facharztprüfung. Im Beruf war die Patientin dann sehr erfolgreich. Sie schrieb mir – wir standen in einem recht engen Briefkontakt –, feinfühlig wie sie war, über faszinierende psychologische Zusammenhänge; u. a. daß die Arbeit ihr zu einer guten Mutter geworden sei. Sie diene ihrer Befriedigung und ernähre sie gut, was sie genieße. Ihre Praxis wurde zu einer der blühendsten in einer mittleren Großstadt – da starb sie an einem Hirnschlag.
Meine dritte Patientin, Frau M., eine grazile und kleine, aber wohlproportionierte Frau, kam wegen ihrer Ängste vor dem Kinderkriegen zu mir in Behandlung. Sie war von Beruf Sekretärin, erschien zunächst als »typische Hysterika«, hübsch und apart. Mehrere Kollegen, die sie gesehen hatten, hätten sie gern in Behandlung genommen.
In unseren Gesprächen erwies sie sich gar nicht als besonders »genital« oder »phallisch«, eher als kleines Mädchen, das glaubte, nie seinen eigenen Wünschen und Bedürfnissen nachkommen zu dürfen. Sie meinte, stets die Gedanken ihrer Vorgesetzten lesen zu müssen und tat das offenbar auch virtuos. Ihr rührender Wunsch war es, auch ohne Leistungen willkommen zu sein. Auf der Couch begann sie recht bald »einzutauchen«, fühlte sich schwerelos, von mir »umflossen«. Als sie nach einer unproblematischen Schwangerschaft ein entzückendes Mädchen geboren hatte, wurde sie vorübergehend verwirrt, leicht psychotisch. Ihrer Familie erschien sie nur »verrückt ängstlich« zu sein, in der Analyse war ihr Irre-sein »mutiger«, wie sie sich später ausdrückte.

Auch in der Anamnese dieser Patientin gab es die »rechtschaffene, edle und hilfreiche« Mutter, die streng moralisch jede Selbst-Befriedigung entschieden untersagte und bis heute nicht versteht.
Bei allen vier Patientinnen fallen die wenig einfühlsamen bis kalten, gängelnden, manipulierenden Mütter auf. Sie verhinderten das Streben ihrer Töchter, selbständig, gefühlsbewegt zu leben.
Die Dynamik der Mutter-Kind-Beziehung zwischen meiner ersten Patientin mit dem »Herzfehler« und ihrer Mutter habe ich zu Beginn beschrieben. Die Mutter verhielt sich »überfürsorglich«. Zwischen der zweiten Patientin, der Ärztin, und ihrer Mutter gab es nicht einmal eine fürsorgliche Fassade, das Kind sollte nur vorgeschriebene Wege gehen. Allen vier Patientinnen ist gemeinsam, daß ihr Selbst ihnen enteignet und an seiner Stelle ein *Über*-Ich mit fremdem Maßstab, den ich ganz allgemein als Ideologie bezeichnen will, eingepflanzt wurde.
Wie geht nun diese Selbst-Enteignung vor sich? Sie ist meines Erachtens das Ergebnis der folgenden Entwicklung in der Beziehung zwischen Mutter und Kind: Das Selbst des Kindes konnte in seiner unfunktionellen Mutter kein (Selbst-)Objekt (nach Kohut), das heißt kein Objekt, das seinem Selbst diente, finden.[1] Die unfunktionelle Mut-

1 Der Begriff Selbst-Objekt (im Sinne Kohuts das Objekt, das dem Selbst dient) ist ohne Zweifel ein sehr bereichernder Ausdruck, ein Meilenstein in der Geschichte der Psychoanalyse. Ich empfinde ihn jedoch inzwischen im Deutschen als asymmetrisch, als die Bezeichnung für eine Beziehung, in der es nur einen Einbahnverkehr gibt. In der Selbst-Objekt-Beziehung sind jedoch beide Beteiligten Subjekte und beide ein-ander Objekte. Eine solche Beziehung ist also nur als gegenseitige Wirkung denkbar.
Der Ausdruck Selbst-Objekt besteht aus einem der deutschen und

ter war ihrerseits – »Erfolg« der Erziehung durch *ihre* unfunktionelle Mutter – statt vom Selbst von ihrem Über-Ich bewegt. Daher war das Kind ihr kein – zumindest kein

einem der lateinischen Sprache entnommenen, einem konkreten und einem weitgehend abstrakten Teil. Im allgemeinen deutschen Sprachgebrauch hat ›Objekt‹ außerdem eine eher negative Bedeutung (etwas, das nur gebraucht wird). Auch aus diesen Gründen scheint mir der Ausdruck Selbst-Objekt asymmetrisch zu sein, eine Qualität zu haben, die dieser Beziehung, die ich im Sinne habe, durchaus nicht entspricht.

Angemessener und aussagekräftiger erscheint mir der Ausdruck *der Selb-andere*, abgeleitet aus dem etwas veralteten Fürwort ›selbander‹, von dem es im Etymologischen Wörterbuch heißt: »selbander Pron. ›derart, daß ich selber der andere, der zweite bin; zu zweit‹ ...« In der tschechischen und slowakischen Sprache bedeutet das gleiche Wort (samodruhá) neben selbander auch schwanger, genauso auch im Ungarischen (másodmagával). (Vgl. dazu in diesem Band S. 112.) Im Wörterbuch von Wildhagen-Heraucourt wird selbander mit ›our two selves‹ ins Englische übersetzt.

Es ist vielleicht auch kein Zufall, daß die Entwicklung der Einheit während der Schwangerschaft hin zur Zweiheit nach der Geburt nicht nur naturgemäß wächst, sondern nach allgemeiner Vorstellung wachsen *soll*. Die Einheit soll sich auflösen, wird als frühes, selbst-befriedigendes Befinden für »unanständig« erklärt, und Unanständiges wird meist mit Fremdwörtern ausgedrückt, quasi nur mit Handschuhen oder mit spitzen Fingern angefaßt. Aus diesem Grund belegt man, wie ich glaube, auch alle intimsten Beziehungen mit fremden Namen, z. B. die Monade, die Dyade oder – »halb«-fremd – das Selbst-Objekt. Ich betrachte das Fremdwort als Ausdruck der Ent-selbstung, der Distanzierung vom »selbstischen« Beweggrund, als dessen Verleugnung, letzten Endes als Ausdruck des Zwanges, sich zum »Groß«-werden zu entwickeln.

Und wollen wir eine Sache ungehindert an- und erfassen, müssen wir sie von ihrer Verhüllung befreien, das Kind sozusagen beim Namen nennen, es ohne Scheu in den Mund nehmen.

ungestörtes – Bedürfnis. Die erwähnten Patientinnen waren also nicht Selbst-Objekt ihrer Mütter, konnten es nicht sein, sondern waren deren Über-Ich-Objekt, das heißt Objekt *des* Über-Ichs, das an die Stelle des Selbst der Mutter getreten war.

Deshalb bestand für die Kinder, meine späteren Patientinnen, keine oder eine nur partielle Möglichkeit, ihr Selbst der Mutter vorzustellen; die (unfunktionelle) Mutter war für dieses Selbst ein nur allzu unsicheres Objekt, und ebenso unsicher war es daher für diese Kinder, »ihr *Es* der Mutter zu offenbaren«. Das Es ist, wie ich weiter unten zeigen werde, die Bezeichnung für das verdrängte, »in der Illegalität untergetauchte« Selbst, sein Deckname.

An dieser Stelle scheint es mir angebracht, auf den Zusammenhang zwischen dem Selbst der Mutter und ihrem Kind etwas näher einzugehen.

Nachdem eine Frau verschiedene Funktionen neben- und nacheinander gelebt hat, kann sie auch Geliebte und Mutter werden. Mit »Mutter« bezeichne ich die zeitlich begrenzte *Funktion* im Leben einer Frau, in der sie mit ihrem Kind eine funktionelle biologische Einheit bildet. Die Selbst-Erhaltung dieser Frau geht nahtlos in die Erhaltung ihres Kindes über und damit in die Erhaltung der menschlichen Art und des Lebens überhaupt. Das heißt, was für die Frau das Selbst war, ist für die Mutter das Kind. Mit dem Aufhören der Existenz des Kindes erlischt auch die Funktion Mutter, das heißt, das Kind ist das diese Funktion erhaltende Objekt. Aus der Sicht des Kindes ist die Funktion dieser Frau die eines ihm dienenden Objekts, sein *Selbst-Objekt*.

Wenn das Selbst der Frau enteignet und durch das Über-Ich und seine Inhalte ersetzt wird, ist sie nicht mehr (oder

nur eingeschränkt) für *ihre* Selbst Erhaltung, für *ihr* leiblich-seelisches Wohl tätig. Sie wird dann – im Sinne der ideologischen (das heißt von Normen, Gruppenvorstellungen etc. determinierten) Inhalte ihres Über-Ichs – für die Interessen einer Gruppe oder für die Gesellschaft aktiv. Daher ist sie auch nicht in der Lage, das Kind, das sie auf die Welt bringt und das die Stelle ihres (der Mutter) Selbst einnimmt, als solches – entsprechend ihrer gestörten Selbst-erhaltung – zu erleben und zu behandeln. Das Kind wird nach seiner Geburt zu einem Pflicht-Objekt seiner (zu großen Teilen nicht-funktionellen) selbst-losen Mutter. Diese Frau hat – so gesehen – kein Kind als ein sie von selbst bewegendes Motiv geboren, sondern eine Verpflichtung, ein Über-Ich, dem sie (d. h. ihr ursprünglich mütterlicher Anteil) glaubt, im Sinne der Ideale ihrer Umwelt dienen zu *müssen*.
Die Mutter-Anteile einer Frau mit intaktem Selbst werden durch das Kind »von selbst« befriedigt. Bei der über-ich-bewegten Frau muß das Kind als das Objekt ihrer Über-Ich-Anteile, die die ursprünglichen Selbst-Anteile substituieren, jene befrieden. Es muß den *Stolz* seiner unfunktionellen Mutter nähren, die Ideale ihrer Gruppe und Gesellschaft leben, allerdings ohne daß auch nur einer der Beteiligten wirklich zu seiner *Befriedigung* käme.
Diese Dynamik macht es verständlich, warum viele Frauen eine unangemessen starke Angst vor der Geburt eines Kindes haben. Ihr Selbst wurde ihnen unter Androhung elementarer Gefahren, wie etwa des Verlassen-Werdens, aberzogen; seine Wiedergeburt im Kind ist daher zwar ein sehnlicher Wunsch, aber auch eine als vernichtend erlebte Bedrohung. Für diese Dynamik spricht auch die Tatsache, daß nicht selten Frauen in der Zeit um die

Geburt eines Kindes mit einer Psychose reagieren, wie die oben genannten vier Patientinnen, die, von ihrem wiederzugelassenen Selbst erschreckt, psychotisch wurden.
Verständlich ist dann auch, weshalb ein Kind häufig als »Last« empfunden wird (mehr als es der realen Belastung entspräche); es darf ja kein Selbst sein, muß, als Pflicht behandelt, zur Last werden (die Mutter muß »alles für das Kind tun«).
Ganz im Gegensatz dazu steht die allgemeine Erfahrung, daß viele Frauen sich *während* der Schwangerschaft besonders wohl, stark und ausgeglichen fühlen, daß sie genau(er) wissen, worauf sie Lust haben; und sie wissen es »von selbst«, fühlen sich wie »beseelt«, stärker, ausgewogener als sonst. Ihr Selbst(-Gefühl) hat offenbar »Verstärkung« erhalten.
Nun zurück zu unseren vier Patientinnen, von deren verdrängtem, »in der Illegalität untergetauchtem« Selbst zuletzt die Rede war.
Wie mächtig die verdrängende Kraft ist und wie tief diese Verdrängung sitzt, davon zeugt der Ausbruch einer seelischen Erkrankung, einer Psychose, die mit einer bösartigen somatischen Erkrankung vergleichbar (und ätio-pathogenetisch vielleicht auch verwandt) und ähnlich gefürchtet ist.
Auf diese Erkrankung möchte ich zunächst etwas näher eingehen. Eine Folge der Enteignung des Selbst und der Sinnlichkeit ist die Unfähigkeit, die Realität, die nackte Wirklichkeit *wahr*zunehmen. Der Mensch, dessen Selbst enteignet ist, nimmt *wahr*, was ihm seine durch ihre Über-Ich-Ängste und Ideologie verzerrt »sehende« Gruppe als »Realität« wahr-zunehmen nahelegt, oder genauer: manipulativ zwingt.

Wir wissen aus der Psychologie, aber auch aus der Physiologie, daß die Wahrnehmung wesentlich vom Bedarf abhängt, daß wir, wenn wir dessen bedürfen, Dinge wahrnehmen, die sonst unserer Aufmerksamkeit entgingen. Der selbst-lose Mensch ist unsinnlich; er braucht und gebraucht seine Sinne nicht, wurden sie doch durch ein Pseudo-Sensorium, durch die aktuelle Ideologie seiner Gruppe oder Gesellschaft, die psychologische Abkömmlinge seiner Mutter sind, ersetzt. Seine vom Sensorium dissoziierte Motorik ist dieser »mütterlichen Linie« untergeordnet.

Daraus folgt, daß der selbst-lose Mensch *wahr*-nimmt, was *nicht* oder nicht unbedingt *wahr* ist (und dementsprechend handelt), das heißt, seine Wahrnehmung kann wahnhaft sein. (Erinnern wir uns an die Kämpfe um den »Endsieg« im Zweiten Weltkrieg, die bis in die letzten Tage vor dem Friedensschluß andauerten!) Kommt es andererseits zur Konfrontation mit der bislang nicht zugelassenen, der Wahrnehmung entzogenen Realität, wird diese wahnhaft als bedrohlich erlebt (um bei dem erwähnten Beispiel zu bleiben: es war »bedrohlicher« zu fliehen, ein »Feigling« zu sein, als das eigene Leben zu opfern).

Unsere vier Patientinnen erlebten die Wirklichkeit nach Zulassung ihrer Sinnlichkeit wahnhaft, sie erlebten – beim Ausbruch einer Psychose kein seltenes Phänomen – den »Untergang der Welt«, der ihnen eingepflanzten Maßstäbe. Für das Kind ist diese »Welt« seine Mutter, für den Erwachsenen sind es seine Gruppe, sein Volk oder sein Vaterland.

Ganz anders verlaufen physiologische, phylogenetisch entstandene Verhaltensweisen:

Das optische System des Auges beispielsweise projiziert

ein verkehrtes, auf dem Kopf stehendes Bild auf die Netzhaut. Experimentell wurde bewiesen, daß wir mit Hilfe einer Art Realitätsprüfung dieses Bild der Wirklichkeit angleichen. Durch eine sog. Umkehrbrille kann der ursprüngliche Zustand wieder hergestellt werden, und die Versuchsperson sieht einige Zeit die Wirklichkeit auf den Kopf gestellt (wie das Neugeborene), bevor sie wieder ein wirklichkeitsgerechtes Bild wahr-nimmt. Konsequenterweise sieht diese Person nach Absetzen der Brille mit bloßen Augen die Welt wiederum auf den Kopf gestellt, bevor ihr Auge das Bild erneut korrigiert.

Als ich mit einer Kollegin über diese Versuche sprach, empfand ich, mit der Versuchsperson identifiziert, ein deutliches Unbehagen. Überraschend äußerte die Kollegin das gleiche Gefühl. Mir kam der Gedanke, daß dieses Unbehagen dem des Psychotikers beim Erleben der Wirklichkeit vergleichbar ist, und ich erkannte die Bedeutung der Realitätswahrnehmung, die Orientierung an der Wirklichkeit im Dienste der Selbst-erhaltung, als Leistung des Selbst.

Die Angst vieler Menschen davor, verrückt zu werden, entsteht nach meinen Erfahrungen daraus, daß sie es als Bedrohung erleben, sinnlich zu sein, eigene Regungen und die Möglichkeiten zu deren Verwirklichung wahr-zunehmen[2]; die Angst entspringt der Befürchtung, »die ›Welt‹ würde dann untergehen«. Es ist offenbar die Vereinsamung, Isolation auf dem so entstandenen selbst verschuldeten Trümmerhaufen der eingestürzten Welt, die als Gefahr empfunden wird und die ja in der manipulierten Welt tatsächlich die Folge ist.

2 Wahr-nehmen, im Sinne von etwas tun, z. B. »ein Interesse wahrnehmen«, gebraucht, entspricht der sensomotorischen Einheit.

Ich denke dabei etwa an Miloš Formans hervorragenden Film »Einer flog über das Kuckucksnest«. Die Irrenanstalt, die Schauplatz des Films ist, symbolisiert in treffender Weise die Gesellschafts*ordnung*. Dort wird uns die Enteignung des Selbst, der Sinnlichkeit, und ihr Ersatz durch eine im Über-Ich niedergelegte Ideologie in aller Grausamkeit vor Augen geführt, die die Anpassung im Interesse der Gesellschaft bezweckt und heiligt, wobei Forman wohl in erster Linie an totalitäre Strukturen denkt.

Der Dichter, der schöpferische Mensch, dagegen vermag die Gegenwart, quasi die Heimat des Selbst, wahrzunehmen. Gottfried Benn hörte in einem Rundfunkvortrag den Martin Luther zugeschriebenen Ausspruch »Wenn ich wüßte, daß morgen die Welt untergeht, würde ich heute noch ein Apfelbäumchen pflanzen«, und schrieb am 26. Mai 1956 in seinem Gedicht: »Was meinte Luther mit dem Apfelbaum?«:

... wenn morgen früh die Welt zu Brüche geht,
ich bleibe ewig sein und sterne-stet –
meinte er das, der alte Biedermann
und blickt noch einmal seine Käthe an
und trinkt noch einmal einen Humpen Bier
und schläft, bis es beginnt – frühmorgens
vier –
dann war er wirklich ein sehr großer Mann,
den man auch heute nur bewundern kann.

(In: Gottfried Benn, »Gedichte«, *Gesammelte Werke in vier Bänden*, Wiesbaden 1960, Band 3, S. 418.)

Der Dichter fürchtet die »Drohung«, »die Welt könnte einstürzen«, nicht; mit wohltuendem Humor sagt er gleichsam: »Na und!? Heute *lebe* ich und leben ist keine

Schuld; sollte auch die Welt untergehen, so ist das keine *Strafe* für mein Leben.« Das gleiche sagt auch die folgende Anekdote aus: Es treffen sich zwei Emigranten in der Fremde. Beim gemeinsamen Essen fragt der eine Emigrant den anderen, wie es den Freunden in der Heimat ginge, worauf der Fragende bei jedem einzelnen Namen, nach dem er sich erkundigt, die Antwort erhält: »Gestorben!«. Daraufhin schlägt der erstere die Hände zusammen und fragt bestürzt: »Alle sind sie gestorben?« Sein Freund erwidert: »Wenn ich esse, ist alles gestorben.«

Auch in der psychoanalytischen Therapie sind das »Hier und Jetzt«, die Gegenwart, das augenblickliche Da-sein des Selbst beider Beteiligten *die* Bedingungen für das schöpferische Geschehen in der gegebenen Situation. Diese gründet sich auf eine *Hoffnung* im Gegensatz zur Klage des neurotischen Menschen: »Ich lebe aus der Vergangenheit in die Zukunft an der Gegenwart vorbei.«

Jeder Analytiker wird bestätigen – und das spricht für die Intensität des psychoanalytischen Gesprächs – daß dieses »eine Intimität erreicht, wie sie weder zwischen Freunden, geschweige zwischen Eheleuten der Fall zu sein pflegt« (so J. Klauber während einer Diskussion im Sigmund Freud-Institut).

Wie die Leistung des Selbst in der Psychoanalyse zur Befriedigung beider Beteiligten führt, so ist ein echtes Kunstwerk, Produkt des Selbst des Künstlers, für ihn wie für sein Publikum ein elementar beglückendes Gefühlserlebnis. Man kann es vergleichen mit der »frühen Objektbeziehung« (Müller-Braunschweig, S. 117), die ein wesentliches Glied in der Kette der Geschehnisse, die für die Erhaltung des Lebens unabdingbar sind, bildet.

Marc Chagall erzählte in einem Interview, er habe sich auf

dem Weg zu seiner ersten Ausstellung seiner Bilder geschämt und sie deshalb von einem andern tragen lassen, hinter dem er einige Schritte zurückgeblieben sei. Heute fühle er sich schon beim Aufwachen glücklich beim Gedanken, er werde in wenigen Minuten im Atelier vor seinen Bildern stehen. In dieser Aussage des Künstlers ist ansatzweise der Einfluß einer selbstenteignenden Erfahrung zu spüren, eine angedeutete, beginnende Distanzierung vom Selbst, aber andererseits auch die gelungene Korrektur dieses Einflusses. Wer beneidet nicht den Künstler um dieses Zu-sich-selbst-zurück-Finden?

Müller-Braunschweig beschreibt in dem bereits mehrfach zitierten Aufsatz (S. 118 ff.) die Angst seiner Patientin vor dem »farbigen«, gefühlsbewegten Ausdruck; sie empfand diese Angst, weil sich in ihrer Kindheit die Mutter über ihre Zeichnungen »totgelacht« hatte. Ähnliches berichtet auch Alice Miller (1984, S. 22). Die Frage lautet immer wieder: »Wie sag ich's meiner Mutter so, daß sie sich mir zu- und nicht von mir abwendet?«

Die von Müller-Braunschweig behandelte Patientin, die sowohl objektiv – physisch – als auch subjektiv in ihrer Ausdrucksfähigkeit schwer behindert war, hat im Laufe der Therapie die ihr verbliebene Ausdrucksmöglichkeit (wieder-)entdeckt und ist eine erfolgreiche Malerin geworden. Von dem Druck, unter dem diese Fähigkeit und Möglichkeit, sich auszudrücken, verborgen war, zeugt die Tatsache, daß sie, als sie sich dessen bewußt zu werden begann, psychotisch reagierte.

Meiner Ansicht nach waren in ihrer Behandlung die folgenden Elemente heilsam: Müller-Braunschweig, selbst künstlerisch interessiert, hat die Patientin, deren Befähigung zur Malerei zunächst nur latent vorhanden war, gefühlsbewegt verstanden. Er verwies sie nicht auf eine Ideologie, gab sie gleichsam nicht an eine Amme weiter, wie es ihre Mutter getan hatte. Für diesen engagierten Umgang mit der Patientin zeugt u. a. der Stil, seine Worte, die er nicht bewußt, sondern »von selbst«, wie Fehlleistungen, in seinem Bericht wiedergibt. Er schreibt 1963 – damals weniger als heute eine übliche Ausdrucksform (S. 118 u. 120) – über »treffende Deutungen von seiten der Patientin«, von »Äußerungen des jeweiligen Partners«, von »Gesprächspartnern«. Er hat sich der Patientin »unverhüllt« und nicht »formal« genähert. Zwischen Therapeut und Patientin bestand offenbar ein von ihm für Künstler postuliertes »Ausdrucksverständnis« (S. 123), dessen »Vorläufer ... (ihm) im Instinktverhalten vorzuliegen« scheint. Er schreibt: »Bestimmte Reizkonstellationen lösen beim Tier sowohl festgelegte Handlungsabläufe als auch die dazugehörigen Gefühle aus.« Für Müller-Braunschweig bestand also keine Dissoziation zwischen Ausdruck und Gefühlen, und als er die Patientin fragte: »Selber haben sie es (das Malen) nie versucht?« (eine Frage, die keiner üblichen analytischen Deutung entspricht), hat die Patientin offenbar die Selbst-verständlichkeit des Malens herausgehört – und begann zu malen.

Der Leitgedanke dieses Aufsatzes, sein roter Faden, ist der, daß das Kind mit seinem unverhüllten Selbst auf seine bereits er-zogene Mutter beunruhigend wirkt. Es ist für sie mehr als bloß ein Symbol ihres Selbst, es bringt sie vor dem Tribunal der Repräsentanzen ihrer Er-zieher, vor ihrem Über-Ich mit den in ihm niedergelegten Normen etc., seiner Ideologie, die bestimmte Manieren erheischt, in Bedrängnis. Aus diesen Gründen wagt das Kind sehr bald nur mehr ein der Mutter willkommenes Verhalten zu präsentieren. Anders ausgedrückt: das Selbst des Kindes ist dem Über-Ich-Objekt nicht genehm; willkommen sind diesem nur Über-Ich-Leistungen (das artige Kind). Selbst-Regungen, das heißt Sinnlichkeit, ängstigen das Über-Ich-Objekt, denn es wurde ja nicht ohne Repressalien zu einem solchen gemacht; also kämpft es, »er-zieht« das Kind, das noch selbst-bewegt lebt, zu seinem Über-Ich-Objekt. Auf welche tod-ernste, panische Weise das geschieht, wird in Extremfällen besonders deutlich. Ich denke hierbei an die militante (Sitten-)Strenge von Fanatikern aller Schattierungen. Sie werden wegen ihrer besonders starken Ängste vor ihren eigenen Selbst-Regungen, wegen ihrer Unerbittlichkeit bei der Bekämpfung all dessen, was vom Selbst kommt, zu einer Bedrohung ihrer selbst und ihrer Mitmenschen.

Weiter oben bin ich bereits kurz auf die Entwicklung vom Selbst zum Über-Ich bzw. vom Selbst-Objekt zum Über-Ich-Objekt eingegangen. Im folgenden werde ich diese Entwicklung näher untersuchen. Ich werde – in Anlehnung an R. Spitz – *die* Beziehung zwischen Mutter und Kind, in der dem Kind die Realität und ihre Handhabung vermittelt werden, in der seine Wahrnehmung der Realität »bestätigt« wird und die Fertigkeiten von Mutter und Kind gegenseitig genutzt werden, als komplementäre Beziehung bezeichnen. Das Verhältnis der einander komplementierenden Anteile beider ändert sich ständig.

Das Kind tendiert von Natur aus zur sukzessiven Übernahme der komplementierenden Fertigkeiten der (funktionellen) Mutter, so daß sich ihre Bedeutung am Ende der kindlichen Entwicklung asymptotisch dem Wert Null nähert. Damit werden die übrigen nicht-mütterlichen Anteile ihrer Persönlichkeit wieder freigesetzt. Die funktionelle Mutter ist das Selbst-Objekt des Kindes (Kohut 1973). Die Gesamtheit der Fertigkeiten der Mutter, mit denen sie dem Kind und dessen Selbst dient, machen sie zu seinem Objekt. Ich bezeichne die Fertigkeiten des Selbst-Objekts, die vom Kind im Laufe der Zeit übernommen und erworben werden, als das *sekundäre Selbst-Objekt*. Dieses bildet den Kern des späteren, um andere Techniken und Erfahrungen bereicherten Ichs, des *Ich-Selbst*. Für den Objektcharakter des sekundären Selbst-Objekts spricht die »Liebe« zu verschiedenen Fertigkeiten des Körpers und des Geistes, die ursprünglich von der Mutter komplementär vermittelt wurden.

Das *Ich-Selbst* ist der Persönlichkeitsanteil, der, wenn er einen Bedarf wahrnimmt, vom Bedürfnis bewegt den Weg nutzt, der realitätsgerecht ist und den Anforderungen der Realität entsprechend zur Selbst-Befriedigung führt.

Die über-ich-bestimmte Mutter, die dem Kind das angeborene Selbst enteignet und das Über-Ich an seiner Statt eingepflanzt hat, wird zum Objekt des kindlichen Über-Ichs. Die Gesamtheit der Fertigkeiten der über-ich-haften Mutter, die das nun »selbst-lose« Kind im Laufe seiner Erziehung übernimmt, bezeichne ich als *sekundäres Über-Ich-Objekt*. Es bildet den Kern des um andere Techniken und Erfahrungen mit der Selbstlosigkeit erweiterten, von Prinzipien beherrschten, daher unflexiblen *selbst-losen Ichs*, das, wie ich später ausführen werde, sich letztlich immer destruktiv auswirken muß. Das selbst-lose Ich ist kennzeichnend für die Persönlichkeit, die stolz darauf ist, einer Ideologie quasi des Vortags, der Vergangenheit gerecht zu werden. Für die Bezeichnung »sekundäres Über-Ich-Objekt« spricht der »Stolz« des Selbst-losen auf eigene (oder für seine Gruppe spezifische) Verhaltensweisen, das Sich-besser-Vorkommen des Selbstdisziplinierten bis hin zur Askese. Stolz ist meiner Ansicht nach ein Produkt der manipulativen Erziehung, ein Surrogat für das Gefühl der Befriedigung. Er entsteht nicht aus einer selbst- und damit objektbefriedigenden Beziehung, sondern ist das Ergebnis der Umwandlung von Not in Tugend, eine Selbst-täuschung. Der *stolzen* Mutter gibt das Tun des Kindes, seine Selbst-Darstellung, keine eigene Befriedigung, sondern es nährt ihren Stolz der Gruppe gegenüber.

Mit der Stärkung des Selbst und der Schwächung des Über-Ichs in der Therapie entsteht aus dem sekundären Über-Ich-Objekt ein sekundäres Selbst-Objekt. Das Instrument der besonderen Hellhörigkeit und Empfindlichkeit für Über-Ich-Ansprüche beim »begabten Kind« wird im Laufe der Analyse in die Dienste des Selbst überführt. Aus der Begabung (A. Miller, 1979), die Umwelt zu befrieden, wird die Begabung zur Selbst-Befriedigung.

Der Titel meines Aufsatzes, »Wie sag ich's meiner Mutter?«, verrät, daß das »Es« Probleme macht. Deshalb will ich mich nun dem Es und seiner Beziehung zum Selbst bzw. zum Über-Ich zuwenden.

In meinen therapeutischen Gesprächen gewann ich den Eindruck, daß – dramatisiert ausgedrückt – das Selbst im Laufe der Erziehung entmachtet, enteignet, verdrängt, sozusagen ausgesiedelt wird. Der Vorgang erinnert mich an totalitäre Gesellschaftsstrukturen[3], in denen der einzelne

3 Die Einheit von Leib und Seele stellt eine Bedrohung solcher Strukturen dar, denn wäre sie vorhanden, würde das Individuum seinen Bedürfnissen folgen und wäre nicht im Sinne einer Ideologie manipulierbar. Ideologie-beherrschte und beherrschende Grup-

nichts, die Gemeinschaft alles gilt. Das Selbst wird, wie der »Volksschädling«, gleichsam ins Exil oder in den Untergrund verbannt, wo es unter fremdem Namen, als *Es*, als ein »gesellschaftsunfähiger« Teil der Persönlichkeit, eine Schattenexistenz führen muß. Im Selbst des Kindes ist ein phylogenetisch entwickeltes, angeborenes Urvertrauen verankert, das es ihm ermöglicht, seine Mutter anzusprechen, nach ihr zu rufen. Antwortet die Mutter angemessen, festigt sie das Selbst und sein Urvertrauen; so entsteht ein sekundäres Urvertrauen, ein Selbstvertrauen, dem wir bei manchen Erwachsenen begegnen. Bleibt das Rufen des Kindes unbeantwortet, schwindet das Urvertrauen, das

pen fordern und fördern diesen Dualismus. Sie vermögen das Individuum zur Aufopferung seines Leibes nur zu bewegen, indem sie ihm versichern, daß ein »besserer«, »ewiger« Teil, die Seele, im Jenseits, im »andern Leben« selig weiter-leben würde. Wie könnte die Gesellschaft eine solche Pervertierung des Prinzips der Selbst-Erhaltung, der Erhaltung des Lebens bewerkstelligen, hätte sie im Über-Ich des Individuums keinen Kollaborateur, im Über-Ich, das bereits in früher Kindheit als eine Art korrumpierter Funktionär der Gruppe dem Einzelnen eingesetzt wird. Nur so ist es möglich, daß die Gesellschaft das Individuum zur Verachtung seines eigenen Körpers, seines Selbst, des wirklichen Trägers des »ewigen« Lebens, bewegt.
Es ist interessant, daß die Beschreibung des »Lebens« im Paradies genau dem entspricht, was in der Wissenschaft als tot bezeichnet wird: Das Einzelwesen, das zur Erhaltung seines Lebens, zur Ernährung, andere Lebewesen, ob pflanzliche oder tierische, notwendig hat, hat im Paradies diese Not nicht, es hat also keinen Bedarf, kein Bedürfnis, es ist quasi spannungslos, bewegt sich daher – im Sinne der Gesetze der Physik – nicht, es ist eben tot. Dazu sei bemerkt, daß auch die anorganische, »tote« Welt ohne Spannungen unvorstellbar ist. Nur sind die Bewegungen oft so unauffällig, daß sie z. B. nur durch Raffung im Film sichtbar gemacht werden können.

Selbst als Motiv verstummt und wird schließlich durch ein fremdes Motiv ersetzt. Nicht zufällig teilt das Selbst sein Schicksal mit dem Körper, ist es doch der »Verwalter« des Wohls und Wehs aller Körperteile; deren Bedarf ist sein Bedürfnis. So wie die Vorstellung der Einheit von Leib und Seele in totalitären Strukturen beunruhigend erscheint, da sie den Interessen des Systems entgegensteht, ist auch für uns die Einheit von Seele und Körper nicht unproblematisch. Der bereits er-zogene Mensch distanziert sich von seinem Körper, zumindest von gewissen Körperteilen.

Sprichwörtlich heißt es, das Fleisch sei schwach[4], es gibt Anlaß zu ständigem Ärgernis, ähnlich wie sein Anwalt, das Selbst. Also sprechen wir vom Es und vom Körper, der *uns* wehtut, wie von einem dritten, fremden Wesen. Das er-zogene Individuum mißachtet seinen Körper wie sein Selbst; seine Bedürfnisse müssen erst vor der Mutter, später vor der Öffentlichkeit verleugnet werden. Nicht nur beim Militär gilt es auch heute noch als Tugend, sich selbst, seinen Körper nicht »ernst zu nehmen«, auch besonders leistungsbewußte Menschen erlauben sich keine Krankheiten. Der Leib soll abgehärtet, gestählt werden – eine Mentalität, die besonders vor dem Zweiten Weltkrieg in weiten Teilen der zivilisierten Welt als Ideal gepflegt wurde. Lachen, Weinen, Durst, Hunger, Kälte- wie Wärmeempfinden, alles, was die Sinnlichkeit vermittelt, sollten unterdrückt werden.[5]

4 Ein Patient löste diesen Konflikt in einer Fehlleistung, indem er sagte: »Das Fleisch ist willig, der Geist ist schwach.«

5 Könnte diese Mentalität in ihrer Perfektion, die es nicht erlaubt, daß ein Bedürfnis, das das Gefühl signalisiert, auch wahrgenommen wird, nicht dazu führen, daß eine rechtzeitige immunbiologi-

Gefühle durften die Menschen nicht bewegen. Das waren Befehle des Über-Ichs bzw. seiner ideologischen Inhalte. Da nun der Körper trotzdem Bedürfnisse signalisierte, jedoch Gefühle nicht wahr-genommen werden durften, kamen Schuld-Gefühle auf, nicht Lust auf etwas, sondern Leid. Und auch heute ist es kaum anders.

In der gesunden Mutter-Kind-Beziehung komplementiert jeder Partner den anderen. Dazu bewegt beide ihr Selbst von Natur aus. Ihre artspezifischen Eigenschwingungen interferieren und potenzieren einander. Ist jedoch die Mutter vom beschriebenen »Zeitgeist«, von Normen, bewegt, kann diese Interferenz ein Auslöschen der Beziehung, gleichsam Fading-Erscheinungen, und damit die Enteignung des kindlichen Selbst zur Folge haben.

Zwischen Selbst und Über-Ich besteht keine Komplementärbeziehung; sie sind Antagonisten, stehen in Widerspruch zueinander. Je mächtiger das Über-Ich, desto hilfloser das Selbst. Die Sinnlichkeit vermittelt im Dienste der Selbst-Erhaltung die Realität, das Ist; das Über-Ich dagegen die Ge- und Verbote der aktuellen Ideologie. Entfällt die Ideologie, die Lebenslüge, unvorbereitet, das heißt noch bevor das Selbst restituiert ist, entsteht ein Interregnum; das Individuum, das, etwas maliziös ausgedrückt, seine Gefängnismauern vermißt und sich in ein Vakuum gestoßen fühlt, reagiert darauf hilflos und verwirrt, u. U. mit einer Psychose. Findet der in solch einer Situation psychotisch gewordene Patient eine Vertrauensperson, quasi eine funktionelle Mutter, ein seinem noch schwachen Selbst dienendes Objekt, dem er »es«, das heißt seine nun zugelassenen Gefühlsregungen, mitzuteilen, sein

sche Abwehr gegen Noxen (schädliche Einwirkungen) unterbleibt?

Selbst vorzustellen vermag, kann die wahnhafte Wahrnehmung in der Organisation des (gestärkten) Selbst zur realitätsgerechten Wahrnehmung werden. Das entspräche der Anpassungsleistung der Versuchsperson mit der Umkehrbrille. Dem Selbst, das mit Hilfe der Sinnlichkeit die Selbst-Erhaltung organisiert, steht sein Substitut, das Über-Ich, gegenüber.

Die der Einfühlsamkeit verlustig gegangene ideologie-bewegte Umwelt des Kindes, auf die es angewiesen ist, weil es ohne Mutter, Gruppe, »Herde« nicht überleben kann, vermittelt ihm konsequent, daß es »un-artig«, »ab-artig« bis »fremd-artig« ist, wenn es dem Über-Ich-Objekt (seiner über-ich-haften Mutter) bzw. dem Gruppengeist nicht genehm ist. Während das m. E. artspezifische Selbst das Individuum dazu bewegt, im Sinne der Selbst- und damit der Arterhaltung zu handeln, tritt das über-ich-bewegte Individuum anderen Menschen mit anderen Über-Ich-Inhalten wie andersartigen, art-fremden Lebewesen gegenüber. Und diese – die zeitweise als Schädlinge, Ungeziefer, Parasiten u. ä. bezeichnet werden – müssen pflichtgemäß von Gruppenangehörigen ohne eigene Sinnlichkeit im Interesse der Gruppe getötet werden. Bertrand Russell äußerte sehr treffend über eine solche Ideologie, über Religion (1956, S. 35): »Ich betrachte sie als Krankheit, die aus Angst entstanden ist, und die Quelle unnennbaren Elends für die menschliche Rasse.« Und Arthur Koestler formulierte zum Thema Selbst-losigkeit: »Mord aus persönlichen Motiven kommt in allen Kulturen, unsere eingeschlossen, statistisch gesehen, selten vor. Das vorherrschende Phänomen der Geschichte ist Mord aus *selbstlosen* Beweggründen, unter Einsatz des eigenen Lebens.«

Das Über-Ich ist nicht, wie man mir vorhalten könnte, das

»Reich des Bösen«; doch Menschen, deren Selbst durch ein Über-Ich ersetzt wurde, sind unsinnlich und daher nicht in der Lage, die Realität wahr-zunehmen. Sie sind auf Gehorsam – wie in Hypnose – gleichsam dressiert, sind Werkzeuge anderer und erkennen aufgrund ihrer Über-Ich-Inhalte ihre Mitmenschen nicht als solche. Die Instanz des Über-Ichs ist von ihrer Entwicklungsgeschichte her wesentlich jünger als das Selbst. Trotzdem kann man das Über-Ich weder wegpredigen noch weganalysieren; auch durch eine Kulturrevolution ist es nicht über Nacht zu beseitigen. Doch ich glaube, wir können diese Institution erschüttern. Wir können durch Revision ihrer Inhalte, Infragestellen ihrer Existenzberechtigung, ihres Alles-Wissens und -Sehens und durch Zulassung und Stärkung der Sinnlichkeit im Laufe der Zeit an ihrer Macht zu Gunsten der Realitätswahrnehmung und -orientierung einiges verändern.

Das Über-Ich regiert das Individuum mit Hilfe von Schuldgefühlen. Diese treten nach der Enteignung des Selbst an die Stelle der Sinnesreize, Empfindungen, Gefühle, die einst die erforderlichen Reaktionen auslösten. Mit Schuld- und Schamgefühlen reagiert das über-ichhafte Individuum auf Ereignisse, die es als ungehörig, gefährlich und unzulässig empfindet. Das Über-Ich wirkt in der Art eines bedingten Reflexes mit der Intensität und Energie des von ihm substituierten Selbst. Es kann unter Umständen die gleiche Motorik anstreben, wie sie vom Selbst motiviert ausgelöst würde, z. B. »es der Mutter zu sagen«. Das Motiv ist jedoch ein anderes, kein »inneres«, autonomes; es entspricht einem Zwang, löst daher – analog dem Druck in der Physik – immer Gegendruck aus.

Fehlleistungen sind die Folge. In ihnen zeigt sich zwar das Selbst, das echte Motiv, sie sind jedoch auch Ausdruck der Interferenz mit den Zwängen des Über-Ichs, wirken daher verzerrt und sind in der Realität nicht effektiv.
Die Macht des Über-Ichs wird dann nachvollziehbar, wenn man bedenkt, daß es für den Menschen die Bedeutung eines Tribunals erlangt. Zur Veranschaulichung könnte man die weltliche Gerichtsbarkeit heranziehen, doch im vorliegenden Zusammenhang scheint mir der Vergleich mit dem Jüngsten Gericht treffender zu sein. Seine Verheißung schwebt wie ein Damokles-Schwert über jedem bewußt oder unbewußt Gläubigen, über jedem, der sich – und sei es wegen seiner Freuden – schuldig fühlt.
Das System »Schuld« entspricht der intrapsychischen Organisation um das Über-Ich, das nicht an der Wahr-nehmung der Realität, sondern eben an der Schuldzuschreibung und vornehmlich daran, Schuld von sich abzuwälzen, interessiert ist. Über-ich-hafte Menschen, die ihrem Selbst als Motiv nicht zu trauen wagen, die kein Selbstvertrauen besitzen, setzen unbewußt auf die Wirkung des »Tribunals«; sie »rechten« und versuchen dadurch, andere zu etwas zu bewegen. Sie rechnen mit den Schuld-gefühlen des andern, mit dessen Angst vor »Strafe«. Sie betonen, nur das, was »richtig« sei, zu wollen, und leugnen, ihre Selbst-Befriedigung anzustreben; sie versuchen übers »Recht« zu erzwingen, was sie glauben durch ihren Selbstwert nicht erlangen zu können.
Ent-selbstete Personen, »begabte Kinder« (A. Miller), erleben die Wünsche, die Sehnsucht, das Begehren, das Bedürfnis ihres Objekts nicht als solche, sondern als dessen *»Ansprüche«*, die sie entweder brav erfüllen oder gegen die sie sich – verständlicherweise – vom Anfang der Bezie-

hung an wehren. Ist letzteres der Fall, beginnen sie sehr bald, alles abzubauen, alles zu reduzieren, was sie – aufgrund ihrer Kindheitserfahrungen – als Leistung, als Preis für Zuneigung, Zuwendung werten; sie »testen« die »Liebe« des anderen auf Leistungsabhängigkeit. In Wirklichkeit reduzieren sie damit auch das eigene selbst-befriedigende Tun, das ihren eigenen Bedürfnissen entspräche. Gleichzeitig mit dem Erleben der Bedürfnisse des andern, des Über-Ich-Objekts, als Anspruch »fordern« und »bedrängen« über-ich-bestimmte Menschen den andern mit Wünschen, die sie allerdings ihrerseits als rechtmäßigen »Anspruch« formulieren und wohl großenteils nur so erleben können. Sie sind nicht imstande, zärtlich zu werden; dem Individuum mit enteignetem Selbst ist die Möglichkeit der Kommunikation über Gefühle genommen. Dieses Fordern und Bedrängen weckt unerbittlich Widerstände, so daß sich die Katze in den Schwanz beißt. Dieses System ist von vornherein destruktiv, obgleich es dem Bedürfnis nach Liebe entspringt, das eigentlich der Erhaltung des Lebens dient. Zerstörerisch *muß* eine solche Beziehung verlaufen, in der kein selbstbefriedigendes, von Gefühlen bewegtes Tun stattfindet. Die Beziehung, in der die Nichterfüllung der Ansprüche Schuld-gefühle auslösen (und nicht das Bedürfnis größer wird), ist destruktiv. Denn, um nicht »schuldig« zu werden oder zu bleiben, muß die Schuld dem andern zugeschanzt werden. Dieser jedoch wird versuchen, sie seinerseits abzuschieben, um als Opfer erscheinen zu können. Dies ist ein Schuld-schiebe-Spiel, das nach dem Prinzip des »Schwarzen Peters« funktioniert und das nur mit der definitiven Zerstörung der Beziehung zu einem Ende gebracht werden kann – eine fatale Technik. Natürlich gehören zu solch einem bösen »Spiel« Zwei.

Vielleicht genügte einer, der – um ein Bild zu gebrauchen –, auch wenn er zum Essen gedrängt wird, dennoch genußvoll weiteressen könnte und nicht, gegen Schuldgefühle ankämpfend, aufs Essen verzichten müßte, um die Beziehung zu erhalten. Mindestens einer dürfte nicht nach der Devise handeln: »Recht geschieht dem Vater, wenn mir die Hände frieren, weil er mir keine Handschuhe kauft!«; zumindest einer von beiden müßte diesem Geist überlegen sein. Wie aber können wir der Herrschaft des Über-Ichs entkommen und zu unserem eigenen Selbst zurückfinden?

Freud meinte 1909 in seiner dritten Vorlesung in Worcester, Massachusetts: »Die Traumdeutung ist in Wirklichkeit die Via Regia zur Kenntnis des Unbewußten«, und: »Wenn ich gefragt werde, wie man Psychoanalytiker werden kann, so antworte ich, durch Studium seiner eigenen Träume.« Heute empfehlen wir »Selbst-Erfahrung«. Ich glaube, wir meinen damit das gleiche. Im Unbewußten sind Regungen und Wünsche, die Ausdruck des Bedarfs des Individuums, seiner Bedürfnisse sind, untergetaucht; sie werden vom Über-Ich verdrängt. Das nur an der Realität orientierte Selbst hätte sie verwirklicht. Der Schlaf, dem die Wachsamkeit gewichen ist, ermöglicht die Inszenierung der Träume; ihre Deutung, ihr Verstehen enthüllt uns – wie das von Kunstwerken – die verdrängten Bedürfnisse und Wünsche, unser Selbst, aber auch die Forderungen des Über-Ichs. Im Traum z. B., in dem wir verfolgt werden und angstvoll flüchten, verlangen wir letztlich *selbst* nach dem »Verfolger«, aber vor dem Tribunal des Über-Ichs müssen wir als Opfer, das den Verfolger ablehnt und flieht, erscheinen.

Der Traum – Produkt des untergetauchten Selbst (*es*

träumt uns) – ist für die Gesundheit unentbehrlich. Wir wissen seit langem, daß Kinder »sich gesund schlafen«, daß aber auch Erwachsene, die eben noch krank waren, sich nach dem Schlaf gesund fühlen. Das Selbst als Organisator und Manager des Organismus koordiniert seine Teile optimal; es ist, obwohl es auf die Traumbühne verdrängt wurde, ins-geheim zur eigenen Befriedigung auch dort schöpferisch tätig.

Wie wir im Traum als Opfer des Verfolgers dastehen müssen, dürfen wir auch in der Realität nicht als Organisatoren unserer Selbst-Befriedigung in Erscheinung treten. Wie eine plötzliche künstlerische Eingebung, so heißt es, fiel dem Archimedes das Archimedische Prinzip im Bad *überraschend* (heureka!) ein. Kekulé von Stradonitz *träumte* die Ringstruktur des Benzols. Kurz: »Den seinen gibt's der Herr im Schlaf.« Der Schlaf wie der Traum kommen von selbst, und können wir auch einen Löffel für Mutti und einen für Vati essen, vom Schlaf können wir nichts Ähnliches sagen.

Die zwischen dem Über-Ich und seinem Objekt bestehende Beziehung hindert den Menschen daran, nach seinen Bedürfnissen und zu deren Befriedigung zu leben und zu lieben. Diese Beziehung gleicht einem Gefängnis, in das der Mensch in der Gesellschaft sich zum Schutz vor seinem verfemten, »bösen«, »sündigen« Selbst flüchtet. Er hat im Laufe seiner Sozialisation erfahren, daß er für selbst-befriedigendes Tun zu büßen, das »Fegefeuer« zu erleiden und Not als Strafe für sein »Leben« zu gewärtigen hat. Intrapsychisch bilden die im Über-Ich verankerten Normen etc. die Mauern des »Gefängnisses«, solche Gefängnisse existieren allerdings auch auf der interpersonellen Ebene in Gestalt von Ideologien, die Gruppen oder

Vereinigungen beherrschen, bis hin zum »totalen Staat«. Viele Menschen haben in Zeiten einer von ihnen empfundenen Not das Bedürfnis, sich in ein solches Gebilde zu flüchten. Es äußert sich etwa im Ruf nach (äußerer) Ordnung, nach dem »starken Staat« u. ä.; dies ist – nach den Worten eines Patienten – eine Perversion, die er als »Jochophilie« bezeichnet.

Gemeint ist eine pathologische Beziehung, die der Befriedung der herrschenden Gruppe und deren Ideologie zum Schutz des Über-Ichs und zur Unterdrückung des Selbst dient.

Der Prozeß der Enteignung des Selbst, der Sinnlichkeit und der Gefühle findet seinen Abschluß in der Substitution des Selbst durch das Über-Ich, das mit Hilfe von Zwang, Pflicht und Recht herrscht. Das Über-Ich verhindert die Wahr-nehmung des Bedarfs, läßt ihn nicht zum Bedürfnis werden, lähmt dadurch die schöpferische Potenz und führt zu einer Art Funkstille, Fading. Das Subjekt verliert seine Ausdrucksfähigkeit, seine Kreativität, die ihm die Verbindung zum Objekt ermöglicht und vermittelt. Beispiele aus der Praxis sind uns hinlänglich bekannt: Essenszwang führt zur Appetitlosigkeit, × Lernzwang zur Lernstörung, eheliche Pflicht zum Erlöschen der Liebe als Bedürfnis. Im Gegensatz dazu verhält sich der Mensch, der sein Selbst zu behaupten vermochte, wie es Paul Watzlawick charakterisiert: »Reife, so lautet bekanntlich der ausgezeichnete Aphorismus, ist die Fähigkeit, das Rechte auch dann zu tun, wenn es die Eltern empfohlen haben.«

Der schöpferische Mensch bleibt von Zwängen, die sich meiner Ansicht nach immer destruktiv auswirken, bis zu einem gewissen Grade verschont. Er versteht es, *seine*

× Essenseinschränkung / Reglementierung zur Essstörung → Adipositas!

Objekte anzusprechen und zu genießen. Ihm gelingt die Fühlungnahme mit seinem Objekt, primär wohl mit seiner Mutter. Die Maler sagen – nach Müller-Braunschweig – von einem gelungenen Bild, die Sache sei »gut gelöst«. Der Milchfluß aus der Brust der Mutter könnte als Erfolg der guten Darstellung des Bedürfnisses des Säuglings angesehen werden, als das Eins-werden von Mutter und Kind.
Ein Aha-Erlebnis steht am Ende einer jeden gelungenen, selbst-befriedigenden Tätigkeit. Es heißt dann, die Sache ist »rund«, der Kreis hat sich geschlossen. Diese Befriedigung entsteht auf allen Entwicklungsebenen durch die Vereinigung mit dem Objekt, der erreichten »Ganzheit« (= Gesundheit), auf die ich an anderer Stelle näher eingehen werde.
Im therapeutischen Gespräch entspricht das gegenseitige Verstehen der Vereinigung mit dem Objekt der entsprechenden Phase in der Entwicklung, was ich mit den folgenden vier Beispielen, die mit diesen Phasen korrelieren, illustrieren möchte. Die Vorbedingung dafür ist, daß man »es« einander sagt.

Gegenseitiges Verstehen auf der Ebene des »primär Narzißtischen«:
Frau M. beschrieb in gelassener Weise, wie schwerelos sie sich fühle, es sei so, als würde ich sie »umfließen« – diese Art des Erlebens wird analytisch als »primär narzißtisch« bezeichnet. Mit ihren Worten unterbrach sie meinen Tagtraum: ich fühlte mich in die Zeit meiner Kindheit versetzt, sah vor mir einen Hang, der sanft in einen wunderschönen See eintauchte, in dessen Mitte, auf einer kleinen Insel, ein weißes Kirchlein stand. Es war ein heißer, strahlender Sommertag. Ich lag auf einer von Menschenhand

unberührten Wiese inmitten von Blumen und lauschte dem Summen der Insekten. Weit und breit war kein Mensch zu sehen – eine Erinnerung, die mir bis heute unverändert erhalten blieb.

Gegenseitiges Verstehen auf der »oralen« Ebene:
Eine Patientin schwieg während der ersten Minuten der Stunde. Mir fiel ein, ein Kind dürfe »nicht alles in den Mund nehmen«, ein Erwachsener im übertragenen Sinn auch nicht. Und es fiel mir eine Episode aus der Kindheit ein; ich notierte die Worte »auf die Zunge nehmen«. Die Patientin hörte das Knistern des Papiers, unterbrach ihr Schweigen und fragte: »Essen Sie Papier?«, und sie habe gezögert zu reden – ein Geschehen, das analytisch als »oral« charakterisiert wird.

Gegenseitiges Verstehen auf der »analen« Ebene:
Ein junger Patient wand sich auf der Couch, es fiel ihm offenbar schwer, den Ausdruck, den er als zulässig empfunden hätte, zu finden. Ich überlegte: »Der muß doch Angst haben, er könnte mir stinken«, und fragte ihn, ob er fürchte, mir unangenehm zu werden. Wie befreit antwortete er mir, er fühle sich »wie ein Stück Dreck«, habe Angst, er könnte mir »stinken« und ich ihn hinauswerfen. Auf meine Frage, was ihn denn beschäftige, erzählte er mir aus seiner Jugend von sodomistischen Praktiken im Kuhstall.

Gegenseitiges Verstehen auf der »genitalen« Ebene:
Frau S. fragte mich, ob sie die Therapie nicht besser beenden solle, sie habe ja keine Symptome (Ängste, das Haus zu verlassen, sich von zu Hause fortzubewegen, Schwin-

delgefühle) mehr. Ich empfand die Atmosphäre deutlich als erotisch und fragte sie, ob es denn besser sei zu gehen, als sich auf etwas einzulassen. Sie meinte, mit offensichtlicher Überwindung: »Gut, ich sage es Ihnen, ich hatte den Gedanken, daß ich mit Ihnen schlafen möchte.«

In den dargestellten Episoden wird die Nähe, die »Fühlung« zwischen zwei Menschen, dem Analysanden und dem Analytiker, deutlich. Alice Miller meint (1985, S. 27), daß die Kunst »mehr mit dem Mut ... als mit dem Können zu tun hat«. Ich glaube, wir haben das gleiche Problem in der Therapie: Das Wahr-nehmen von Regungen und Gefühlen im Paargespräch der therapeutischen Situation erfordert eher Mut als Können, ebenso, wie es Mut erfordert, das Wahr-genommene auch situationsgerecht in Worte zu fassen. Ich denke, wir können dem Patienten das Gefühl vermitteln, daß alle erwähnten Verstehensformen zulässig sind, und dadurch mit ihm »eins werden«; eine Umgangsweise, die in der analytischen Situation das Gefühl von Befriedigung auslöst und die in der Kindheit des Patienten nicht gefördert wurde. »Es zu sagen«, sein Selbst darzustellen, seine Wünsche zu benennen, gehört nicht zu den willkommenen Tugenden eines Kindes.
»Wie sag ich's meiner Mutter so, daß sie sich mir zu- und nicht von mir abwendet?« Das scheint mir *die* Frage auf allen Ebenen der Entwicklung, in allen Gefühlsbeziehungen zu sein. Die Angst, Gefühle und Wünsche zu zeigen, sich dabei »eine Blöße zu geben«, verletzt zu werden, sich eine »narzißtische Kränkung« zu holen, steht immer im Vordergrund. Jede Ablehnung trifft wieder in die Kerbe, die in der Kindheit durch unangemessene Reaktionen auf das Rufen des Kindes geschlagen wurde.

Der Künstler vermag dieses Problem mit Hilfe seines *»Ausdrucks«* zu überwinden. Für die Patientin von Müller-Braunschweig war das gemalte Bild eine »Brücke« zum Publikum (S. 119). Alice Miller schreibt (1985, S. 16 ff.), daß sie durch das Malen einerseits »mit dem Kind« (Kind = Selbst-Symbol) in sich »in Berührung« kam, andererseits, daß sie »das spontane Malen als Ausdrucksmittel, als Sprache« ansieht. Der Künstler habe »oft gar keine andere Wahl als die Ächtung, Verachtung, Ablehnung zu riskieren, wenn er seine Wahrheit artikuliert. Es ist eine Frage des Überlebens als der, der man ist, und da besteht keine Alternative ... Aufgeben würde Tod (Selbst-Mord) bedeuten ... So geht es vermutlich jedem Menschen, der aus einer inneren Notwendigkeit malt oder schreibt«. Könnte das Kind seine Mutter nicht »rufen«, müßte es sterben. An anderer Stelle werde ich auf dieses »Rufen« des »einsamen Kindes im schöpferischen Menschen« eingehen. Ich denke, daß der Schaffende, der Einsame, der Schöpfer, mit seinem Werk seine »Mutter«, die unverstellt, aufrichtig an ihm interessiert ist, auf seine Weise »erreicht«, daß er mit ihr auf diese Art in einen Dialog kommt. Entweder wagt und findet das Individuum den Ausdruck seiner Bedürfnisse, die Brücke zu seinem Publikum, dem Homolog der Mutter, oder es haftet allzusehr an den Erfahrungen mit seiner realen, uneinfühlsamen Mutter, an seinem Über-Ich-Objekt, und verhält sich zum Schutz vor Kränkung selbst-los, gehemmt, unkreativ. Die Beziehung zwischen dem Über-Ich und seinem Objekt und damit auch die neurotischen Hemmungen, die Selbst-losigkeit und die gestörte Kreativität bleiben dann bestehen.

Das Kleinkind verfügt über eine angeborene Einfühlsam-

X Das kleine Mädchen in mir.

keit, die Erwachsene allzuoft verloren haben; dem schöpferischen Menschen bleibt sie zum Teil erhalten. Müller-Braunschweig zeigt, daß die lebenerhaltende, präverbale Kommunikation Instrument des Kleinkindes wie des Künstlers ist. Diese angeborene Begabung wird häufig verdrängt, aber unter gewissen Umständen im Verborgenen aufbewahrt. Alice Miller hat, nach ihrer eigenen Aussage, ein Stück ihres Selbst durch »Untertauchen« vor dem Zugriff ihrer Mutter gerettet. Mir selbst erging es ähnlich. Als Sechsjähriger erregte eine von mir angefertigte Farbzeichnung die Aufmerksamkeit meines Lehrers; er verständigte meine Eltern von seiner Entdeckung. Diese wiederum meinten, das Talent eines großen Ahnen sei bei mir durchgeschlagen; so blieb diese Zeichnung meine letzte bis zur Wiederentdeckung meiner Begabung zum Zeichnen 35 Jahre später in der Analyse.

Die Fähigkeit des Selbst zum schöpferischen Wirken, die sich im Verlauf unserer Phylogenese entwickelte, wird uns nicht in die Wiege gelegt, sondern bereits aus der Wiege genommen. Die sensomotorische Dissoziation, das Lösen der natürlichen Einheit von Mutter und Kind, ist das Ziel der Er-ziehung; beim Künstler ist dies offenbar nicht ganz »geglückt«, ihm gelingt es, seine Begabung ins Erwachsenenalter hinüberzuretten. Er fürchtet nicht, ein »Muttersöhnchen« zu sein, er *ist* Mutters Sohn. Er ist in der Lage *geblieben*, seinen Bedarf, seine Bedürfnisse dem Publikum wirksam mitzuteilen.

Die Sinnlichkeit, das »Befingern«, »Alles-in-den-Mund-Nehmen«, sind Instrumente des Selbst, die dem Kind von der Natur mitgegeben werden, Instrumente des schöpferischen Handelns, die für die Erhaltung des Lebens notwendig sind, deren Gebrauch die Erziehung jedoch untersagt.

Dem Kind geht so die Fähigkeit, seine Bedürfnisse, die Impulse des Selbst, wahr-zu-nehmen, verloren. Es lernt, das zu tun, was von ihm erwartet wird, und sein Selbst verkümmert.
Wie es dem Kind verboten war, »alles in den Mund zu nehmen«, so soll der Erwachsene keine »häßlichen« Worte in den Mund nehmen. Doch, was ist häßlich? Bedürfnisse, Wünsche, Gelüste, die sowohl Kinder als auch Erwachsene elementar beschäftigen, sind Dinge, »über die man nicht spricht«. Resultat dieses Verbots ist das Problem »Wie sag ich's...«.
Und so sagte ich es als Jugendlicher – leid-bewegt – psychosomatisch: Als ich im Alter von 14 Jahren gegen den Wunsch, wenn auch schließlich mit der Erlaubnis meiner Mutter von meinem lebenslustigen Onkel Laci zur Jagd mitgenommen wurde, war dieser Ausflug mit einer ausschließlich und betont männlichen Gesellschaft für mich *das* phallische Erlebnis.
Noch vor Sonnenaufgang erblickte ich im tau-frischen, von den Schreien der erwachenden Tiere erfüllten Wald, bevor ich ein anderes Tier zu Augen bekam, einen königlichen Vierzehnender, was für mich, den Vierzehnjährigen, ein überwältigender Eindruck war. Ein herrlicher Hirsch mit vornehm aufrechter Haltung und bezwingend eleganten Bewegungen. Daß auf ihn geschossen wurde, hörte ich; später sah ich seinen dann so schlaffen Körper (ein Mahnmal – wie ich glaube – für den eben noch phallisch entzückten Jugendlichen).
Die vom jungen Mann in mir bewunderten und vom Muttersöhnchen verachteten Männer soffen, fraßen und pokerten. Das Muttersöhnchen wurde durch dieses männliche Gelage zum Schweigen gebracht; der Vierzehnjährige

trank mit ihnen Bier und Kaffee und bestaunte die als Spieleinsatz auf dem Tisch sich häufenden blauen 1000-Kronen-Scheine und den auf der Erde liegenden, bis zur Bewußtlosigkeit betrunkenen Herrn Dr. V.
Doch nicht nur bei diesem Gelage erlebte ich mich als zu diesen Männern gehörig – der Muttersohn, mein Über-Ich, war auf einen kümmerlichen Rest geschrumpft: mich packte eine Schießwut, und ich schoß mit meinem Gewehr ein Eichhörnchen an, das daraufhin vom Baum fiel. Entsetzt ergriff ich die Flucht und gestand am Abend meiner Mutter weinend die Missetat.
Meine Reue, die den ganzen Tag über angehalten hatte, schien mir wohl nicht ausreichend zu sein, denn spät in der Nacht, viele Stunden nach meiner phallischen Orgie, bekam ich, wahrscheinlich durch Träume ausgelöst, einen Brechdurchfall mit »Schüttelfrost«; meine Mutter begleitete diesen Anfall mit ihrer ganzen Fürsorge und Hingabe. Von den anderen Erlebnissen während der Jagd wagte ich ihr nicht mit erregt glänzenden Augen zu erzählen; ich wäre, so meine wahrscheinlich berechtigte Befürchtung, auf völlige Ablehnung bzw. Verdammung solch wertloser Verhaltensweisen gestoßen oder hätte mich bestenfalls einer gähnenden Leere des Unverständnisses gegenübergesehen.
So wurde aus meinem phallischen Erlebnis, woran man auch aus realistischer Sicht einiges hätte aussetzen können, ein undifferenziertes Kotzen und Scheißen im wörtlichen Sinne. Es war, als ob zwischen meiner Mutter und der Welt von Männern bloß durch Leid eine Brücke hergestellt werden könnte: so berichtete sie beispielsweise mit Stolz, wie sie im Alter von vier Jahren ihrem Vater, weil sie noch zu klein war, vom Schemel aus Umschläge gemacht hatte.

Wenn ich's meiner Mutter nicht sagen durfte, dann brauche ich den Analytiker; er soll zwar nicht meine Mutter sein, aber sagen soll ich ihm alles.
Was ermöglicht in der therapeutischen Situation das Schöpferische? Oder: Wie sag ich's meinem Patienten so, daß er es mir sagen kann? Wie können beide Beteiligten in der Therapie ihre eigenen Gefühle und damit die des Gesprächspartners wahr-nehmen, und so einander auch bewegen?
Wenn die Erziehung die Spaltung der Einheit von Gefühlen und Handeln zum Ziel hat und das Selbst als Motiv des Handelns enteignet, indem sie dem Individuum körperfremde, gesellschaftsgerechte »Pflichten« als falsche Motive unterschiebt, dann ergibt sich für die Therapie folgendes Anliegen: Um das Selbst zu rehabilitieren, muß die Einheit von Gefühl und Handlung zugelassen, das Selbst als einzig zweckmäßiger Beweggrund erlebbar gemacht werden. Das Kind, das einst gelernt hat, einen Löffel für Mutti und einen für Vati zu essen, soll im Verlauf der Therapie die Fähigkeit, den eigenen Hunger zu empfinden, wahr-zu-nehmen und zu stillen, zurückgewinnen.
In der therapeutischen Beziehung, in der die Gefühle beider Beteiligten in wachsendem Maße die Bewegung aufeinander zu und voneinander weg bestimmen, was unverhohlen als befreiend erlebt wird, kann die Annäherung an die inter- wie intrapsychische Einheit wieder zustande kommen. Beide bringen dann nicht mehr Über-Ich- und Ideologiegerechtes zum Ausdruck, d. h. der Patient steuert nicht »Material« bei, das vom Analytiker vermeintlich erwartet wird, und der Analytiker nicht das, was die Theo-

rie ihn zu sagen lehrt. Beide agieren nicht mehr auf Kosten ihrer Gefühle, vielmehr verhelfen die Worte diesen zu ihrem Ausdruck. Die Sprache komplementiert sozusagen das Selbst, wird immer mehr zum sekundären Selbst-Objekt. Das Gespräch ähnelt so dem Gefühlsaustausch mit der funktionellen Mutter und wird daher als wohltuend empfunden. Haben die Gesprächspartner einander gewissermaßen gefunden, kann das Wort den nonverbalen Ausdruck nicht mehr bloß *ersetzen*, sondern ihn immer mehr *ergänzen* und *bereichern*. Hierzu ein Beispiel: Ich begleite Frau G. ins Sprechzimmer, bleibe selbst noch einen Augenblick im Flur. Als sie sich dann auf die Couch gelegt und ich hinter ihr Platz genommen habe, fragt sie: »Haben Sie bemerkt, daß ich aus ihrem Zettelkasten einen Zettel herausgenommen und ihn neben den Kasten auf den Tisch gelegt habe? Ich habe das nicht diebisch getan.« Nach meinem »Nein« fällt mir ein: »Sie hat sich etwas erlaubt.« Frau G. ist sonst schüchtern. – Nach kurzer Pause fährt sie fort: »Ich nahm mir etwas heraus, ich erlaubte mir etwas.« Ich: »Was Sie mit Worten nicht unbedingt wagen.«[6] Frau G. antwortete nach kurzem Schweigen: »Ich habe mich in ein Gefühl begeben, eine Art Freiheit gewonnen.«
Frau G. hat hier den nonverbalen – spielerischen – Ausdruck verbal ergänzt, ein Stück sekundäres Selbst-Objekt sozusagen geprobt. Meine Reaktion war sicherlich nicht verhohlen, auch wenn Frau G. von mir anschließend keine »Interpretation« erhielt. Das Zusammentreffen meines

6 Daß es manchem leichter fällt zu schreiben, als vor einem Publikum zu sprechen, sein Selbst darzustellen, »es zu sagen«, scheint mir damit zusammenzuhängen, daß das Schreiben dem Kind nicht – wie das Sprechen, das schon sehr früh rigoros reglementiert wird – verboten ist.

Einfalls, »sie hat sich etwas erlaubt«, und ihrer Aussage, sie habe sich etwas herausgenommen, war für unsere Beziehung sicherlich ein befreiendes und befriedigendes Erlebnis. Wir erfuhren, daß das »Sich-selbst-Wahrnehmen« nicht zu einer Trennung, sondern zur Ein-heit führt, daß – mit René Spitz ausgedrückt – die »frühkindliche Wahrnehmungskategorie«, die nicht unterdrückte Einfühlsamkeit, die Empathie, sich gleichsam lohnt und nicht verdrängt zu werden braucht. Das Wort Empathie scheint mir der bereits sterilisierte, verwissenschaftlichte und somit gesellschaftsfähig gemachte Ausdruck für die frühkindliche, ursprünglich vom Selbst im doppelten Sinne gebrauchte (d. h. not-wendige und eingesetzte) »Fühlung« mit dem Objekt zu sein.

Verzichtet der Analytiker auf »Informationen« dieser Art, läßt er sich von zur Ideologie erstarrten Meinungen wirklicher oder vermeintlicher Autoritäten bewegen, »deutet« er »wissend« und bietet nicht »fühlend« Deutungen, die ihm *einfallen* (im Sinne des Archimedischen »heureka!«) an, perpetuiert er das traumatisierende, dissoziative Verhalten der Erzieher des Patienten. Folgende Episode illustriert das soeben Gesagte:

Ein Kollege berichtet von einer Patientin, sie sei ungeheuer aggressiv, reagiere auf Deutungen ablehnend, befinde alles für »Quatsch«. Er und einige der Zuhörer halten sie daher für offenbar tiefst gestört, der Psychose nahe; sie wecke schier unerträgliche Schuldgefühle beim Therapeuten und sexualisiere ungemein stark. Mit Hilfe der Arbeiten eines bekannten angelsächsischen Analytikers habe er (der Kollege) ihr eine Deutung gegeben, quasi ihre Vagina zurückgewiesen. Die Patientin habe ihm daraufhin ihr »Rectum« angeboten. Aus dem Auditorium kam die Meinung, sie habe ihm, gleichsam bescheidener geworden, als Ausweichstelle ihr Rectum zur Verfügung gestellt. Ich äußerte die Ansicht, die Patientin meine: »Quatsch, leck mich am Arsch!«, als eine Aufforderung zu liebevollerem, zärtlicherem, intimerem Umgang, zum »Belecken« auf analer Ebene.

Die Zuhörer bestätigten mein Verstehen dieser Episode. Einige Kollegen berichteten, es seien gerade die »Fehler« des Analytikers, sein Verlassen des Rahmens der Abstinenz, sein affektives Verhalten und seine Fehlleistungen, die eine ins Stocken geratene Analyse wieder in Gang brächten. Dieselbe Ansicht vertrat auch Heinz Kohut im Laufe einer Diskussion. Ich glaube, daß diese starre, nur von Fehlleistungen durchbrochene, ideologisch unterbaute, situations- und realitätsfremde, vom Über-Ich verhängte Abstinenz Ausdruck der Abwehr des Analytikers ist, seinen Ruf nach Gefängnismauern darstellt. Demgegenüber sind die Fehlleistungen die einzig echten Selbst-Leistungen, die durch Zurückhaltung gestaut wurden und explosiv geworden sind.

Der Analytiker, der den Patienten gleichsam im Auftrag Dritter be-handelt und, wie es auch Eltern nicht selten tun, selbst-los das »Wohl des Patienten« im Auge hat, bevormundet ihn, verhindert die Dialektik im Gespräch, macht sich selbst und den Patienten hilflos. Letzterer bringt daher auch ideologiegefertigte »Geschenke«, mit denen er den Therapeuten – in Ermangelung eines Selbstwertgefühls – zu bestechen, zu gewinnen, zu halten versucht. Der Analysand »testet«, ob der Therapeut vom Über-Ich oder von einem Über-Ich-Objekt (einer Institution) manipuliert agiert, die Wirklichkeit als zu gefährlich meidet, im »Gefängnis« denkt und »es« auch nicht zu sagen wagt.

Wie wichtig es ist, mit dem Objekt in *Fühlung* zu kommen, es zu begreifen, zeigt sich auch an der elementaren Bedeutung des Beleckens im Tierreich. Ashley Montagu (»Körperkontakt«, 1971) betont, daß dieses Belecken »gar nichts mit ›reinigen‹ zu tun« hat, sondern daß Tiere, die beleckt werden, etwa schwere Operationen wesentlich besser überstehen als andere, daß manche Tiere unbeleckt gar nicht am Leben bleiben oder anderen wesentliche Körperfunktionen versagen. Schafe und Ziegen beispielsweise erkennen nur durch die Berührung die Identität ihrer Jungen.[7] Jede dieser Berührungen entspricht also einem lebenserhaltenden Bedürfnis.

Diese Fähigkeit des Umgangs ist dem Kind noch eigen und muß, soll es gedeihen, auch erwidert werden. Beim Erwachsenen ist sie unterdrückt und teilweise verkümmert; sie kann sich jedoch in der Analyse unter günstigen Um-

7 Ich vermute, daß in gewissen Riten der menschlichen Gesellschaft Reste dieses ur-sprünglichen Er-kennens erhalten geblieben sind. Die Namengebung, Taufe (etymologisch mit tief und tauchen verwandt) entspricht im Kern diesem Identitäts-Feststellen. Die Taufe ist ein Zeremoniell, in dem Wasser eine entscheidende Rolle spielt; Schiffe werden – noch deutlicher »oral«! – mit Sekt, sonst nur für den Gaumen bestimmt, getauft. Im Tschechischen gibt es die Redensart »jemandem auf den Geschmack kommen« in der Bedeutung: jemanden erkennen. Aber auch in der deutschen Sprache mangelt es nicht an entsprechenden Redensarten. Im »Wörterbuch der deutschen Alltagssprache« heißt es: »es schmeckt ihm = es ist ihm willkommen«, »es schmeckt ihm nicht = er ist mißtrauisch, hegt Bedenken«, »er schmeckt ihm nicht = er kann ihn nicht leiden, analog zu riechen«.

Und *wie* »schmackhaft« so ein Name sein kann, davon zeugt die Bedeutung des Namens der oder des Geliebten, besonders für junge Leute; er ist da gleichsam ein pars pro toto, erregend und reiz-voll.

ständen zumindest etwas erholen. Voraussetzung dafür ist, daß Analytiker und Analysand ihre Gefühle wahrzunehmen wagen und einander darin ermutigen. Ziel der Behandlung – das sei abschließend noch einmal zusammengefaßt – ist es also, das vom Über-Ich verdrängte Selbst wieder an seine Stelle zu setzen, ebenso die Sinnlichkeit, die die Erfassung der (inneren und äußeren) Realität ermöglicht und somit Voraussetzung für die Selbst-Erhaltung ist.

Der Analytiker begleitet den Analysanden und hilft ihm beim Wahr-nehmen und Auflösen seiner Soll-Grenzen, seines »Gefängnisses«, das durch die Erziehung errichtet wurde und mittels Angst verteidigt wird. Er hilft ihm beim Erkennen und Besetzen seiner Ist- bzw. Selbst-Grenzen. Gelingt diese gemeinsame »Wanderung« in einer Landschaft, in der sich der Analytiker etwas mutiger und erfahrener bewegen kann als der Analysand, dann überwiegt immer mehr der partnerschaftliche Anteil in der Beziehung beider Subjekte, wird die Beziehung in immer größerem Maße selbst-bewegt.

Die zwei Ebenen menschlicher Beziehungen

Natürliches Geschehen und Manipulatives Prinzip

Ein bißchen schwer ists, sich mit sich selbst vertragen, und doch im Grunde das einzige, worauf's ankäme.

(Goethe)

1. Das Natürliche Geschehen

Unter »Natürlichem Geschehen« verstehe ich – im Gegensatz zum »Manipulativen Prinzip« – das Verhalten des einzelnen, das infolge von Wahr-nehmung der Realität, von Bedürfnissen, durch die Sinnlichkeit vermittelt, stattfindet und das dem Verhalten eines Kindes entspricht, welches, seinem angeborenen Ur-vertrauen folgend, »von selbst« realitätsgerecht handelt, das heißt so, wie es die Erhaltung des Lebens im gegebenen Augenblick erfordert.

Als Beispiel für das Natürliche Geschehen dient mir die Erinnerung an einen jungen Mann, der offensichtlich ein natürliches, sinnliches, innen- oder selbst-gesteuertes Verhalten ins Erwachsenenalter hinüberzuretten vermochte. Er bot einen Anblick wie die Kinder auf Murillos Bildern, die ganz natürlich bei der Sache und daher von besonderer Anmut sind – Menschen also, die keine von einer Über-Ich-Forderung verzerrte Bewegung vollführen.

Als ich zweiunddreißigjährig meine ersten Analysestunden hatte, sah ich ihn in einem Prager Büffet. Er war etwa 20 Jahre alt und stand an einem dieser höheren Tische; er aß Würstchen mit Kraut und Kartoffeln und trank Bier dazu. Das tat er – für mein Erleben – auf eine umwerfend natürliche Weise; er aß *nur* und trank *nur*, war ganz er *selbst*; nichts an seinem Verhalten schien mir gekünstelt, geschah für andere, für die Umwelt. Dieser junge Mensch aß nicht einen Löffel für Mutti und einen für Vati; der Gedanke, er hätte gute Tischsitten, wäre angesichts seiner Bewegungen fremd, unangemessen, ja töricht gewesen. Sein aktuelles Bedürfnis interferierte mit keinem Über-Ich-Einfluß; seine Bewegungen waren daher auch völlig natürlich und unverzerrt. Es war *seine Weise*, die sein Essen und Trinken in meinen Augen so ungemein gewinnend, appetitlich, beneidenswert frei von Fremdsteuerung erscheinen ließ.

Ich erzählte dieses Erlebnis meinem Analytiker und bezweifelte, daß ich jemandem verständlich machen könnte, was mir daran so gefallen hatte. Er jedoch verstand es und gab mir damit die Antwort auf meine wahrscheinlich dahinterliegende Frage, ob ich bei ihm so ganz ich *selbst* sein, *meine* Bedürfnisse, Wünsche, Einfälle und Gedanken frei äußern dürfte. Später kam ich zu der Überzeugung, daß er mich dadurch näher an mich selbst, ans Leben hatte kommen lassen.

Als ich Jahre später selbst Analytiker wurde, fiel mir dieses Erlebnis immer wieder ein; es wurde mir gleichsam zum Symbol dessen, wonach sich wohl die Mehrheit der Menschen, aber sicherlich ich selbst und alle unsere Patienten sehnen. Um es mit Goethes Worten zu sagen: nach dem »Sich-ein-bißchen-mit-sich-selbst-Vertragen«, danach, nicht mehr stetig um die Gunst anderer buhlen zu müssen. Als ob das erstere letzteres ausschlösse und nicht, wie ich meine, gerade dies erst die Gunst anderer ermöglichte.

11. Das Manipulative Prinzip

Unter »Manipulativem Prinzip« verstehe ich eine Verhaltensweise, die nicht »von selbst« im Sinne der Erhaltung des Lebens wirkt. Das Selbst ist in diesem Falle enteignet, daher entspringt die Motivation des Handelns dem Über-Ich, das nicht der Selbst-Erhaltung, sondern dem Fortbestehen einer Ideologie dient. Das Über-Ich wirkt wie ein Empfängerteil, das den Menschen zum Manipulierten, zum Roboter, zum selbst-losen, ferngesteuerten Befehlsempfänger werden läßt; ein solcher Mensch wird sich mit sich selbst kein bißchen vertragen; er buhlt um die Gunst zuerst der Mutter, später seiner Gruppe oder der Gesellschaft.

Im folgenden werde ich anhand von zwei Beispielen – das eine aus der Sprechstunde, das andere aus der jüngeren Geschichte – die verheerende Wirkung von ideologie- bzw. über-ich-beherrschten manipulierten, »selbst-losen« Verhaltensweisen demonstrieren, die im Gegensatz stehen zu dem oben geschilderten Verhalten des jungen Mannes im Büffet.

Auf das erste Beispiel stieß ich, als ich die Behandlung eines Ausbildungsfalles begleitete. Es handelte sich um einen jungen Mann mit bereits zwei abgeschlossenen akademischen Ausbildungen. Seine Eltern waren recht wohlhabende Akademiker, die sich nebenbei mit Kunst beschäftigten.

Die Mutter des Patienten weckte durch ihr Verhalten seine hilflose Wut. Sie war kalt, uneinfühlsam, verletzend bis gemein, in ihrem Handeln nur von Äußerlichkeiten geleitet. Die Versuche des Patienten, durch eigene künstlerische Tätigkeit die Mutter für sich zu gewinnen, wirkten rührend echt und kreativ, wurden jedoch »von allen, nur nicht von ihr gelobt«, statt dessen frostig zurückgewiesen.

Dieser junge Mann betonte nun, ihm, seinem Körper könne nichts Böses geschehen. Ihm – so unser Eindruck – erschien nur das gefährlich zu sein, was seine Mutter, die Obrigkeit, die Polizei, letztlich sein Über-Ich, verboten; er erlebte als ungefährlich, was seinen Körper, ihn selbst betraf. So hatte er etwa seinen Wagen falsch geparkt, mußte DM 20,- Strafe zahlen. In der Analyse jubelte er jedoch förmlich darüber, daß die Polizisten nur die Parksünde, nicht aber die »glattgefahrenen Reifen« bemerkt hatten. Das Versagen des Patienten, seine existenziellen Interessen wahr-zu-nehmen, wirkt bestürzend. Die lebensbedrohlichen Folgen der abgefahrenen Reifen berührten ihn offenbar gar nicht, und ebenso erscheint es befremdend, daß er als Besitzer eines teuren Luxuswagens bei −20° C mit dem Fahrrad zur Arbeit fuhr und stolz meinte, Kälte könne ihm nichts anhaben. Es übertrifft jedoch alles bisher Geschilderte, daß er sich für ein geringes Entgelt zu experimentellen Zwecken siebenmal den Magen hatte spiegeln lassen. Wahrhaftig, er, sein Über-Ich, war sich selbst keine gute Mutter. Der Patient verhielt sich wie ein Kind, das weniger den Schmerz, das verletzte Knie, als vielmehr die Strafe der Mutter für sein »unaufmerksames« Hinfallen fürchtet.

Das zweite Beispiel, dem die gleiche Psychodynamik zugrundeliegt, stammt aus dem Zweiten Weltkrieg. Marschall Paulus und seine Generale überlegten in Stalingrad tagelang, ob die Kapitulation, die die Rettung ihrer selbst und vieler anderer Menschen bedeutet hätte, nicht als ein Bruch des Fahneneides anzusehen sei, obgleich aufgrund dieses Zögerns unzählige Menschen einen grausamen Tod starben bzw. ein grausames Leben litten.

Das Über-Ich dieser Militärs, die vom Geist eines Soldatentums erfüllt waren, der in der damaligen Zeit fast unumschränkt für gut befunden, ja sogar zum Ideal erhoben wurde, machte sie zum manipulierten Werkzeug einer mörderischen Ideologie, einer Ideologie, in der – welche Perversion! – die Selbst-Erhaltung keine Bedeutung haben durfte.

Dieses Über-Ich trägt die Merkmale seiner Entstehungsgeschichte: das kleine Kind ist nicht in der Lage, gegenüber seiner übermächtigen Mutter sich selbst und seine Bedürfnisse zu vertreten; nur Leistungen, die die Mutter befrieden, also solche, die nicht selbst-befriedigend sind, sondern den mütterlichen Stolz ihrer Umwelt gegenüber nähren, gewährleisten das Überleben. Paulus und seine Generale, die mit solch einem Über-Ich ausgestattet waren, vermochten unter dem Druck des geistigen Klimas ihrer Zeit und ihrer Gesellschaft lange Zeit nicht, für ihre Selbst-Erhaltung einzutreten; sie glaubten an die Pflichten, zum Wohl der herrschenden Ideologie sterben, Selbst-Mord verüben zu müssen.

III. Das Wiederauftauchen des Selbst als Motiv in der therapeutischen Situation

Die meisten Menschen sind so »gut« erzogen, daß sie nur mehr zu gehorchen vermögen. Dies wird ihnen wegen der weiten Verbreitung solchen Verhaltens gar nicht mehr bewußt. Andererseits begegnen wir allenthalben dem Sehnen und Streben nach der Wiedereinsetzung des Selbst als Motiv des Handelns in unseren Sprechstunden wie im Alltag, insbesondere nach Einbrüchen in die »Normalität« der ideologisierten Umwelt, etwa nach Kriegen; erst die Störung der Gleichförmigkeit macht das Wahr-nehmen möglich.

Bevor die »gute« Erziehung Wirkungen zeitigt, versucht jedes Kind im Spielraum seiner jeweiligen Entwicklungsphase *selber, allein* zu handeln – ein lebensnotwendiges Verhalten. Für das Kind sind »selber« und »allein« noch gleichbedeutend – nicht so für den Erwachsenen.

Den Weg zurück zu diesem noch gesunden, selbst-verständlichen, arglosen Verhalten in der Therapie, diese retrograde Wanderung, möchte ich nun aufzeigen. Die Ängste auf diesem Weg entsprechen den Stationen, an denen der Patient Repressalien gegen sein selbständiges Handeln erfahren hatte. Die Dissoziation der Inhalte von »selbst« und »allein« hängt offenbar mit diesen Repressalien zusammen: Allein-gelassen-Werden ist die Folge des Selber-Machens. Und diese Strafe ist für das Kind, will es überleben, unerträglich. Es handelt folglich zunehmend nicht mehr »von selbst«, nicht mehr im Sinne natürlicher Selbstverständlichkeit.

Die Folge dieser Enteignung des Selbst, die eine frühe Erfahrung der meisten Kinder darstellt, ist, daß sie sich als

Erwachsene in einer autoritären Umwelt nicht von Gefühlen und ihrer Sinnlichkeit leiten lassen, sondern – letztlich zu ihrem eigenen Verderben – manipuliert, aber tugendhaft handeln. Im Natürlichen Geschehen dagegen handelt das Subjekt nicht selbstlos, und gerade *das* motiviert es, sein Objekt zu suchen, zu finden, zu hegen und zu pflegen.
Ich will versuchen, den Konflikt, das Oszillieren im Spannungsfeld zwischen Selbst und Über-Ich deutlich zu machen. In der therapeutischen Situation werden Hemmungen sichtbar, die Ausdruck von Verhaltensmustern sind, welche durch die Er-ziehung im Über-Ich verankert wurden. Diese Erfahrungen werden später auf alle Objekte, das heißt auf Menschen, von denen das Individuum sich die Erfüllung eines Wunsches erwartet, übertragen. Die Betroffenen wagen es nicht, ihre eigenen Sinne zu gebrauchen und darauf zu vertrauen. Punktuelle Enthemmung in der therapeutischen Erfahrung führt zur Selbst-befriedigung und Kreativität, verursacht aber auch Angst. Es ist die Angst vor dem selbst-befriedigenden Tun, die alles Tun nur als Tätigkeit »im Schweiße des Angesichts« zuläßt und die die Menschen dazu zwingt, dem Über-Ich und den »gut erzogenen« Mitmenschen etwas vorzugaukeln, um diese Instanzen magisch zu beschwichtigen. Der Sinn des Zusammenspiels beider Beteiligten in der therapeutischen Beziehung ist es, den »Irrtum« der Übertragung, das heißt des vom Über-Ich (beider Seiten!) diktierten Verhaltens, aufzudecken und ein vom Selbst bewegtes, angstfreies, beiderseits befriedigendes Gespräch zu führen.
Bevor ich mit der Darstellung von Episoden beginne, die das eben Gesagte illustrieren, möchte ich ein kleines Er-

lebnis mit meiner damals fünfjährigen Enkelin Katharina vorausschicken. Sie ist ein äußerst liebenswertes Kind, das seiner Umwelt, seinen Eltern und Großeltern uneingeschränkt willkommen ist. Eines Tages wurde Katharina etwas unfreundlich mit den Worten »Ärgere mich nicht!« angefahren. Tags darauf, als sie hörte, daß wir, ihre Großeltern, uns über die Schwangerschaft ihrer Mutter unterhielten und von der Zeit sprachen, »als wir sie erwarteten«, kam sie prompt, wie aufgescheucht, auf uns zu und fragte: »Auf wen habt ihr gewartet?« Als sie zur Antwort erhielt: »Auf dich«, fragte sie: »Hättet ihr auch dann auf mich gewartet, wenn ihr gewußt hättet, daß ich euch ärgern werde?«

Die Angst der Fünfjährigen entspricht der wohl vieler Erwachsener, die fürchten, ihrer Umgebung, der Gesellschaft, so wie sie *sind*, nicht willkommen zu sein. Dieses Problem war auch Thema des folgenden Gesprächs:

Frau I., Mutter dreier Kinder, kam mit 15 Minuten Verspätung in die Stunde. Sie war erregt, konnte das Weinen kaum unterdrücken und erzählte mir von einem Rundfunkbericht über Versuche mit Zwillingskindern im KZ Auschwitz. Sie sagte: ». . . wenn man überlegt, das geschah mit unserem teuersten Gut« (m. E. ist das Kind eindeutig ein Symbol für das Selbst). Ich selbst hatte darüber im Fernsehen einen Bericht gesehen. Dort wurde eine große Gruppe von Kindern im Alter von etwa 5-10 Jahren gezeigt, die sich in einem Gang aus Maschendraht vorwärts bewegte. Die Kinder gingen wie kleine Roboter (Roboter, slawisch der Leibeigene, der nicht für seinen eigenen Leib tätig ist), wie Marionetten ohne Anzeichen innerer Regungen. Mir fiel dazu ein: sie sehen niemanden, der mit offenen Armen auf sie wartet. Sie gingen so, als würden sie, wenn der Gang mit einer riesigen Grube endete, ohne ihren Schritt zu verändern, unbeteiligt in diese Grube stürzen. Sie waren als Kinder, als sie »selbst«, völlig wertlos, hatten eine Bedeutung bloß noch in einem ideologischen Zusammenhang, in dem sie als Versuchsobjekte dienten.

Anschließend sprach Frau I. über ihren Mann, der sich – ihrer Ansicht nach – unfreundlich benommen hatte; er war spät gekommen und hatte trotzdem gefragt, ob sie sich denn über sein Kommen gar nicht freue. Sie fügte etwas traurig hinzu: »Er wollte offenbar, wie er *ist*, willkommen sein.«

An dieser Stelle war mir die oben geschilderte Episode mit meiner Enkelin, die wissen wollte, ob sie so, wie sie ist, willkommen sei, eingefallen, und ich sagte Frau I., deren Analyse bereits weit fortgeschritten war: »Sie sind ja heute auch 15 Minuten zu spät gekommen. Waren *Sie* willkommen?« Frau I. antwortete: »Wie Sie mit mir sprachen, war eher Ausdruck unseres guten Einvernehmens.« Wir kamen dann auf ein altes Wortspiel aus unseren Gesprächen zurück und schlossen die Stunde mit den Worten: »Ob Ingrid (so der Name der Patientin) oder Ingrimm, so, wie wir sind, wollen wir gemocht werden.«

Unmittelbar nach dieser Stunde kam Frau G., eine junge Mutter und Studentin mit deutlich künstlerischen Neigungen. Sie litt unter ihrer Unfähigkeit, ihre Gefühle, Wünsche, sich selbst auszudrücken und war folglich in ihrer Kreativität und Arbeitsfähigkeit stark behindert; im Dienste ihrer Selbst-befriedigung tätig zu sein, erschien ihr unzulässig. Sie glaubte quasi, nicht für sich selbst, sondern nur einen Löffel für Mutti und einen für Vati essen zu dürfen.

Frau G. fühlte sich »wie ein Stück Dreck«, sprach dementsprechend farblos, monoton, um – wie sie glaubt – »besser nicht aufzufallen«. Sie fürchtete, ihre Bedürfnisse, ihre auf Selbst-befriedigung ausgerichteten Wünsche seien drekkig, schuldhaft, gesellschaftsunfähig. Mit den Wünschen kamen Ängste vor Strafe und Einsamkeit hoch. Um sich nicht einer Kränkung durch Zurückweisung auszusetzen, flüchtete sie in die Einsamkeit, das hieß in *dieser* Stunde ins Schweigen; nach einigen Minuten fragte sie, ob ich ihr Schweigen verstanden hätte. Da ich während ihres Schweigens noch an die vorige Sitzung (mit Frau I.) gedacht hatte, an die Wünsche, auch als »böses, häßliches Kind in die Arme genommen zu werden«, sagte ich: »Vielleicht ja«, und nannte ihr diese Gedanken. Daraufhin berichtete die Patientin über eine »Missetat«; sie habe Pflanzen dem Frost ausgesetzt, nur *ein* Stämmchen habe überlebt und treibe Knospen. Auf meine Frage, ob *ich* das Stämmchen sei, lachte sie und sagte, ich hätte sie verstanden, sie habe wirklich gedacht, ich sei das Stämmchen; übrigens habe sie schon zwei Monate meine Rechnungen nicht bezahlt, ob ich ihr trotzdem – wie das Stämmchen – erhalten bliebe? Sie lese gerade Bettelheims Buch über die Geburt des Selbst, den Kern des Menschen; sie habe einen Orangenkern in die Erde gesteckt und aufmerksam verfolgt, ob er von selbst angehe, was auch geschehen sei. Anhand des im folgenden dargestellten Stundenverlaufs möchte ich zeigen, wie der »Orangenkern«, das Selbst der Patientin, zu keimen begann. Sie sagte mir, der Mutterboden müsse gut sein; und erfragte über einen Umweg, ob ich der richtige Mutterboden sei. Auf diesem Umweg begleitete ich sie: Frau G. bat mich um die Anschrift eines Psychotherapeuten für ihren Bruder. Nachdem ich ihr die gewünschte Information gegeben hatte, fragte sie, was mich diese Auswahl hatte treffen lassen. Meine Antwort war: »die Denk- und Arbeitsweise der Betreffenden«.

Die Patientin legte sich hin, schwieg einige Sekunden und fragte dann, was *meine* Denk- und Arbeits*weise* sei. Mir fiel plötzlich ein, daß Weise auch Melodie bedeutet, und ich fragte: »Meinen Sie, was mich bewegt?« Frau G.: »Ob Sie von Ihren Gefühlen bewegt zu handeln wagen?«, und weiter fragte sie, ob ich ihr denn Kollegen, die wie ich *selbst* dächten, empfohlen hätte. Dann stellte sie die Frage, was denn »selbst« bedeute. Zunächst fiel mir ein, als Analytiker *müßte* ich ihr eine Definition präsentieren, und ich verspürte Unlust, Unmut, dann eine unbehagliche Leere. Dabei wurde mir bewußt, daß die Leere, die ich empfand, als ich versuchte, das zu tun, was ich »mußte«, auch der Grund für die Störung der Kreativität und der Arbeitsfähigkeit der Patientin war: eine Art Fading, eine Interferenz zwischen Über-Ich und Selbst-Impulsen. Es fiel mir ein, daß Kinder, wie bereits erwähnt, die Wörter »selbst« und »allein« synonym gebrauchen, daß für sie »allein« noch nicht »allein gelassen«, das heißt Einsamkeit, bedeutet. Und ich sagte: »Als wagten Sie es nicht, Sie selbst zu sein. Sie wissen doch, auch Ihre Tochter will möglichst alles selber, allein machen, und sie macht alles *von selbst*«.

Frau G. spielt (wie ich) gern mit Worten. Sie äußerte sich etwa folgendermaßen: Das kleine Kind gebraucht die Wörter »selbst« und »allein« gleichbedeutend, das Wort »allein« ist noch nicht mit Angst verknüpft, die Forderung, etwas selbst zu machen, ist ihm selbst-verständlich, es tut alles von seinen Gefühlen bewegt.

Ich fragte Frau G., was sie glaube, wie wir beide uns hier

verhielten. Zunächst schwieg sie, dann stellte sie Mutmaßungen darüber an, ob sich ihre Mutter selbstverständlich oder pädagogisch, gezwungen verhalten habe und ob sie (die Patientin) als Kind die Mutter überhaupt hatte erreichen können. Ich sagte Frau G., ich hätte den Eindruck, sie wolle wissen, ob sie als Kind das Bedürfnis ihrer Mutter gewesen sei.
Frau G. hat offenbar zwischen ihrer Mutter und mir Vergleiche gezogen und in unserem Gespräch ein echtes Interesse, einen echten Austausch, empfunden. Sie, eine sonst mit Gefühlsausdrücken recht sparsame Frau, die eher monoton als farbig spricht, reagierte lebhaft, ihre Stimme lachte, gurrte fast. Sie suchte mit dem Wort »selbst« gebildete zusammengesetzte Wörter, und wir gingen deren Entstehungsgeschichte nach:
Frau G. meinte, wer sich seiner Gefühle und Wünsche bewußt zu sein wage, sei *selbst-bewußt*, habe *Selbst-Vertrauen*. Ich fragte sie, ob sie dann auch mir von solchen Regungen zu erzählen wagte. Die Patientin wörtlich: »... ob Sie das erreichte? ... Meine Mutter war melancholisch ... ich bekam keine stärkende Antwort ... oder erinnere eine solche nicht«. Kinder, die sich der Mutter sicher sind, sind *selbst-sicher*, bekommen ein *Selbst-wertgefühl*, sagte sie fast triumphierend. Ich ergänzte, hätte sie all das hier, müßte sie weniger auf meine Reaktionen achten. Sie, meinen Satz fortsetzend: »... und könnte mehr in mir selbst ruhen«. Ich meinte: »Dann wären Sie allein, eine Persönlichkeit, ohne allein *gelassen* zu sein.« Frau G. sagte darauf bewegt: »Ich müßte nicht Konfektion sein, keine Konfektion tragen, müßte nicht *allen* entsprechen, um das Allein-gelassen-werden nicht zu riskieren, ich hätte *meine* Weise«.

Frau G. kennt den auf sie bezogenen Text dieses Aufsatzes; sie hat nur einen Satz korrigiert: »... meine Mutter war melancholisch...«. Vorher lautete der Satz: »... meine Mutter war depressiv«. Diese Korrektur begründet die Patientin folgendermaßen: »Melancholie bedeutet schwarze Galle, schwarz vor Zorn, ... die Wut des Kindes, meine Wut, über die absente Mutter, die Mutter ohne Ohr und ohne stärkende Antwort, ... andere Kinder werden gestärkt, ich wurde es nicht«. Die Patientin war konsequent, sie korrigierte das Wort »depressiv« hin zur Sicht des Kindes, des Selbst, hin zu seinem subjektiven Erleben des Verhaltens der Mutter.

Ich habe das geschilderte Gespräch mit Frau G. ausführlicher wiedergegeben, weil es mir für die Darstellung des Prozesses der Restitution des Selbst besonders geeignet zu sein scheint. Bevor ich zum Schluß komme, werde ich den Ablauf einer analytischen Gruppensitzung wiedergeben. Den besonderen Reiz dieser Episode sehe ich darin, daß sie im Gruppengeschehen den Vorgang aufzeigt, den ich bereits anhand der Gespräche »auf der Couch« demonstrieren wollte.

Die Gruppe, von der hier die Rede sein soll, bestand seit mehreren Jahren; die Fluktuation der Mitglieder, meist Akademiker, war zum damaligen Zeitpunkt gering. Herr C., der die zentrale Rolle spielen wird, war damals in der Gruppe relativ neu.

In der betreffenden Sitzung sprachen zunächst nur drei Frauen:

Frau W. begann mit der Bemerkung, ich hätte in der vergangenen Stunde ihre Verlegenheit wahrgenommen und angesprochen, sie meinte, ich hätte besser daran getan, sie nicht zu bemerken.

Frau M. schloß sich ihr an und sagte, ich hätte ihr Erröten bemerkt und angesprochen, sie habe sich ertappt gefühlt.

Nun meldete sich eine dritte Frau (Frau B.): Sie sei in der vorigen Stunde beunruhigt gewesen, als Herr C., ein Farbiger aus den USA, meinte, sie würde blinzeln, wenn sie nicht die Wahrheit sage. Offenbar empfanden es die drei Frauen als unschicklich und taktlos, gewisse »Unarten«, Gefühle, Bedürfnisse, die hinter einer Verlegenheit stekken, zu beachten.

Daraufhin wurde in der Gruppe darüber gesprochen, daß die Erziehung den Menschen zwinge, sich selber zu »verleugnen«, zu »verhüllen«, um so zu erscheinen, wie es die aktuelle Moral, die aktuelle Ideologie erforderten.

Gleichsam als Gegenstück erzählte dann der Amerikaner folgende Episode:

Er habe sich in der Kindheit weder in der eigenen Familie, noch in den USA zu Hause (chez moi, wie es im Französischen so treffend heißt) gefühlt. Im elterlichen Haus – die Mutter war Hochschullehrerin – habe er mehrere dänische Studenten kennengelernt und daraufhin seinen Traum entwickelt, in Dänemark sei der Mensch frei. Eine große Sehnsucht nach Dänemark war in ihm entstanden; er glaubte, in Dänemark könne man als Nur-Mensch anderen Nur-Menschen begegnen.

Als Erwachsener war er in die Bundesrepublik gekommen, lebte bereits zehn Jahre lang hier. Trotz (wegen?) seiner andauernden Sehnsucht fuhr er nicht nach Dänemark. Offenbar hatte er Angst vor Enttäuschung. Als ihm eine kostenlose Reise angeboten wurde, nahm er die Gelegenheit wahr; für ihn war es wichtig, nicht »investiert« zu haben. Er reiste im Sommer in ein Urlaubsgebiet.

Den Ausdruck, mit dem er in seiner Darstellung fortfuhr, erlebte ich folgendermaßen: Scine Augen glänzten, waren wie ins Unendliche gerichtet, sein Lächeln war verklärt, träumerisch, seine Sprache entsprach dem von ihm geschilderten Bild, einer Art Zeitlupenaufnahme. Es war eine unwirkliche, träumerisch schwerelose Atmosphäre. Er erzählte, er habe da *Menschen* und *Kinder* gesehen, wiederholte, wie staunend: »die Kinder, Kinder, die nackten Kinder«. Er sei weitergegangen – für mich schwebte er –, kam in einen Wald, besser einen Hain. Die Sonne durchbrach die Zweige wie ein Spotlicht. Vier Kinder spielten – nackt – in der Nähe ihrer gleichfalls nackten, von der Sonne angestrahlten Mutter. Schon von weitem habe er die Szene gesehen, sei jedoch nicht, wie es eine gute Erziehung verlangt hätte, stehengeblieben, sondern ging – für mich in Zeitlupe – auf das Bild zu. Bei der Frau angekommen, kniete er hin. Die beiden sahen einander in die Augen, dann küßte er sie – und ging weiter.
Dieses Erlebnis, das wie eine Filmsequenz wirkte, beeindruckte den Patienten bis in die Gegenwart; und es beeindruckte offensichtlich alle Gruppenmitglieder. Es war das Erleben – oder der Traum – eines Menschen, der da als Nur-Mensch einem andern Nur-Menschen begegnet war. In dieser Situation gab es keine Schwarzen und keine Blonden, alle waren Kinder, nur Menschen, sie selbst. Es gab keine Norm und kein Über-Ich, das die Begegnung gestaltet, den Umgang der Menschen miteinander geregelt und verzerrt hätte.
Unsere Gruppe begriff und verstand die Selbst-verständlichkeit, das Natürliche Geschehen in der geschilderten Szene: Frau R. meinte, auch in den USA gäbe es »Nacktfarmen«, die Menschen seien dort bei allem, was sie täten,

nackt. Herr C. warf ein, das entspräche der deutschen FKK. Die Gruppe einigte sich mühelos darauf, daß das eine Ideologieprodukt, das andere unverhülltes, nacktes Nur-Mensch-, Nur-Selbst-Sein sei.

Wie ich bereits am Anfang schrieb, versucht jedes Kind seiner Entwicklungsstufe angemessen *selber, allein* zu handeln, was ohne Zweifel für seine Fortentwicklung notwendig ist. Die Wörter »selber« und »allein« sind also für das Kind noch Synonyme. Im Sprachgebrauch der Erwachsenen bedeutet »allein« nur noch selten »selbst«, beispielsweise in der Wortverbindung »von allein«, gleichbedeutend mit »von selbst«.

Das Wort »selbst« – betont, d. h. im Sinne von *Selbst*-sein-Wollen gebraucht und inhaltlich dem Wort »egozentrisch« nahe – weckt Unruhe und Ablehnung; in autoritären, manipulierenden Strukturen ist solch ein Verhalten geradezu »sündhaft«. In solchen Strukturen bedeutet daher das Wort »allein« eher einsam, verlassen, allein gelassen, isoliert zu sein. Ich sehe darin eine Strafe für das Selbst-, das Individuum-, das Persönlichkeit-, das Subjekt-sein-Wollen. Erinnern wir uns doch an die brutale, aber als Tugend dargestellte pädagogische Forderung, der kindliche Wille müsse gebrochen werden, sei es mit psychologischen Mitteln oder durch die Prügelstrafe, die bis in die Gegenwart hinein auch in westlichen Demokratien aufrechterhalten wird.

Anstelle des »gebrochenen« und ausgetriebenen Willens, anstelle des enteigneten Selbst als Motiv des Handelns, sollen Pflichten und Zwänge, d. h. Über-Ich-Inhalte, das Kind und später den Erwachsenen bewegen. Es ist nur folgerichtig, daß diese Menchen glauben, bloß über Ge-

genzwänge widerstehen zu können. Diese äußern sich u. a. in psychosomatischen Erkrankungen, einer Art somatischer Fehlleistungen, aber auch in Gestalt anderer Fehlleistungen, die den Betreffenden »ent-schuldigen«. Dabei müssen eigene (Lust-)Anteile zu Leid umfunktioniert, möglichst verschwiegen und ins Unbewußte verdrängt werden. Das Manipulative Prinzip wird so de facto anerkannt; ihm werden Tür und Tor geöffnet.

Die Arbeitsfähigkeit scheint unter der Enteignung des Motivs durch das Verbot, für die Selbst-Befriedigung tätig zu sein, besonders stark zu leiden; die Arbeit darf nur als Pflicht stattfinden. Selten bekennen wir uns zu ihr als einer unserer Befriedigung dienenden Tätigkeit. Sie wurde umgemünzt zur Tugend, zum Schutz vor Laster (»Müßiggang ist aller Laster Anfang«), zum Therapeutikum, zum Zwang und zur Strafe in der Erziehung, insbesondere in totalitären Staaten, in denen das Manipulative Prinzip zur offiziellen Ideologie erhoben ist. Diese Veränderung in der Motivation von Arbeit spiegelt sich auch in der Etymologie des Wortes. Im Althochdeutschen ist Arbeit Dienstbarmachung der Natur, Ackerbau, nicht Knechtsarbeit (nach F. Kluge). War sie anfangs eine Tätigkeit für die Selbst-erhaltung, die den Bedarf, den Mangel, die Not des eigenen Leibes abzuwenden half, eine Not-wendigkeit, ging dieser Antrieb im Laufe der Zeit verloren; die gleiche Tätigkeit, Arbeit, wurde dann für den Sklavenbesitzer, den Fronherrn, den Eigentümer des Leibes der Arbeitenden geleistet.[1] Die Arbeit wird im Laufe der Zeit zunehmend fremdorientiert. Sie soll im Rahmen eines all-

1 In diesem Zusammenhang stellt sich die Frage, wer in dem Verhältnis von Arbeitgeber und Arbeitnehmer derjenige ist, der die Arbeit gibt. Ist es nicht so, daß der »Arbeitgeber« in Wirklichkeit die

gemeinen Verbotes der Selbst-befriedigung nur der Zufriedenstellung des Gewissens, des Über-Ichs dienen. Ein Umstand, der die heute zahlreichen Arbeitsstörungen zur Folge hat und der zeigt, wo die Therapie ihre möglichen Ansatzpunkte findet.

Ist das Leid eines Patienten gebührend groß geworden, sucht er den Psychotherapeuten auf; er fühlt sich legitimiert, in eigener Sache, für sich selbst aktiv zu werden; er unterliegt dem – auch von Psychoanalytikern postulierten – Leidensdruck, den er als zwingend erlebt. Leidensdruck, nicht Bedürfnis oder Lust, soll es sein, was den Patienten zum Analytiker bewegt; als ob die Therapie, ebenso wie die Arbeit, nicht die Selbst-Befriedigung anstreben dürfe.

Vor wenigen Jahren noch erschien das »Pokerface« als wichtiges Instrumentarium des Psychoanalytikers. Das Streben des Therapeuten, seine Gefühle und Regungen zu verbergen, ist nicht nur vergeblich, sondern meiner Ansicht nach auch schädlich, denn es bestärkt den Patienten in seiner Befürchtung, nicht nur seine Eltern und letztlich er selbst, sondern auch sein Analytiker lebten ferngesteuert. Damit schlägt der Therapeut in die Kerbe der traumatischen Erfahrungen seines Patienten. Die Psychoanalyse mit »menschlichem Antlitz« ist inzwischen gesellschaftsfähiger geworden. Nichtsdestoweniger fragen Patienten immer wieder, ob eine Analyse, die nicht leidvoll und wie eine »schwere Arbeit« empfunden wird, auch heilsam sein kann, »denn Welchen der Herr liebhat, den züchtigt er«.

Soll die analytische Behandlung die traumatisierenden Er-

Arbeit nimmt? Ist dieser Sprachgebrauch nicht auch ein Zeichen der Enteignung des Motivs für die Arbeit?

fahrungen und Befürchtungen des Patienten, die Enteignung seines Selbst, nicht bestätigen, vielmehr das Selbst wiedereinsetzen, das Natürliche Geschehen ermöglichen, ist es unvorstellbar, daß zwei Menschen, von denen der eine *frei* assoziieren, der andere ihm in *frei*-schwebender Aufmerksamkeit folgen darf, sich auf so unterschiedlichen Ebenen befinden.

Die im Natürlichen Geschehen selbstverständliche Partnerbeziehung, in der die Beteiligten eine *eigene* und damit *gemeinsame* befriedigende »Weise« leben, kann in einem von vornherein festgesetzten, erstarrten und daher undialektischen therapeutischen *Setting* nicht zustandekommen. Es gibt keine Gemeinsamkeit in einer Pseudo-Beziehung, in der nicht Partner miteinander verkehren, in der einer nur in der Leidensform analysiert *wird*, der andere in der Tätigkeitsform die Analyse vollzieht. In einer solchen Situation wird der Eindruck erzeugt, nur der Analysand hätte Aha-Erlebnisse, affektbegleitete Einsichten, während sich der Analytiker aus letztlich pädagogischer *Über*legenheit zurückhalte. In Wirklichkeit scheint es mir so zu sein, daß der Therapeut zögert, seinen aufkommenden Regungen aus Über-Ich-Ängsten heraus zu folgen. Es ist wenig hilfreich, aus dieser Hemmung die Tugend der Zurückhaltung zu machen.

Sicherlich denken Therapeuten nicht selten an ihr in Seminaren erlerntes, zur Ideologie erfrorenes Wissen. Damit wiederholen sie jedoch die ursprüngliche – in Familie und Gesellschaft praktizierte – traumatisierende Beziehungsform, worauf der Patient dem Analytiker vermeintlich willkommene, manipulierte Beiträge darbringt. Es wäre daher angebracht, daß die Seminare und die begleitenden älteren Analytiker ihre jüngeren Kollegen zur Wahr-

nehmung und zum situationsgerechten Ausdruck ihrer zaghaften Regungen ermutigten.
In einer Gesellschaft, in der Schweigen Gold ist, in der aus Angst vor Liebes- oder Sympathieverlust Freunde, Eltern, Kinder, Ehegefährten von gewissen Informationen über Gefühle, Regungen und Wünsche verschont bleiben sollen, wird die Psychoanalyse notwendig. Denn im Gegensatz zur gesellschaftlichen Norm besagt die »Grundregel«, daß in der psychoanalytischen Behandlung ausnahmslos alles gesagt werden muß, jedoch keine Freundschaft entstehen darf. (John Klauber äußerte in einem Diskussionsbeitrag im Sigmund Freud-Institut dazu die Ansicht, daß das analytische Gespräch eine Intimität erreiche, »die in keiner Freundschaft, geschweige Ehe stattfindet«.)
Es fehlt uns also eine Beziehungsform, in der Intimität, Offenheit und Freundschaft zusammenfallen, in der das Natürliche Geschehen die Beziehung zur Partnerschaft werden läßt und nicht das Manipulative Prinzip die Partnerschaft (durch unterschiedliche Wertmaßstäbe der im Über-Ich verankerten jeweiligen Normen) verhindert. Es wäre wünschenswert, daß jeder einzelne sich so verhält, wie der eingangs beschriebene junge Mann im Büffet, und zwar nicht nur beim Essen. Die Psychoanalyse mit »menschlichem Antlitz«, in der Analytiker wie Analysand die emotionale Beziehung weder fürchten noch leugnen, könnte der Ort sein, an dem, unserem Leitspruch entsprechend, das »bißchen Vertragen mit sich selbst«, bevor es das Licht der Öffentlichkeit erblickt, seinen Raum findet.
»Wie sag ich's meiner Mutter?« ist der Titel des ersten der hier vorliegenden Aufsätze. Könnten wir's sagen, gingen wir nicht zum Psychotherapeuten und selten oder wesent-

lich seltener überhaupt zu einem Arzt. Wir *sagten es* einander und *täten es* uns nicht an. Ich glaube, die Psychoanalyse ist *der* Ort, wo wir *es* zu sagen wieder erlernen; werden doch die Menschenkinder von ihren Eltern – zwar nicht böswillig, doch bewußt – falsch oder gar nicht informiert, mit der Begründung, die Kinder seien zu schonen. Die gleiche Schonung verlangen die Eltern vom Kind. Kinder hüten sich, wollen sie sich Unannehmlichkeiten sparen, sehr bald davor, ihren Eltern alles zu sagen. Offenbar wollen die Eltern, vor allem die Mütter, betrogen werden, wie schon das alte Sprichwort »Mundus vult decipi, ergo decipiatur« (»Die Welt will betrogen sein, darum soll sie betrogen werden«) aus dem 15./16. Jahrhundert sagt, denn sie wissen ja, was sie dem Kind verbieten zu sagen, und sie wissen, daß sie selbst für das Schweigen ihrer Kinder als »gute« Erzieher gelobt werden.

Vom Selbst zum Über-Ich

Von der »Inneren Führung« zum Befehlsempfänger

»Bei genauerer Betrachtung lag das Problem darin, das Universelle im Nazitum zu identifizieren ...«

(*Arthur Miller, Zeitkurven*, S. 692)

Ich will in meinen Arbeiten das Schicksal des Selbst, seinen Ursprung und seine unter günstigen Umständen mögliche Entwicklung zum Ich-Selbst darstellen, seine Leistungen für die Selbst-Befriedigung und Selbst-Erhaltung, seine »Sinnlichkeit« und deren Gebundenheit an die Gegenwart beschreiben. Ich möchte außerdem zeigen, daß alle Normen, Ideale oder Ideologien sich gegen diesen Kern des Individuums richten.

Der Prozeß der Enteignung des Selbst und seiner Substitution durch das Über-Ich nimmt in totalitären Strukturen die extremsten Ausmaße an, er findet jedoch auch in unserer Gesellschaft statt. Die im folgenden zitierten Dokumente, die Walter Wuttke-Gronenberg in seinem Buch »Medizin im Nationalsozialismus« zusammengetragen hat, lassen den Prozeß der Selbst-Enteignung besonders drastisch deutlich werden.

Ein weiteres Thema dieses Aufsatzes ist die Entstehung der Gruppe aus dem Interesse des Selbst heraus und die Umkehrung dieser Leistung zum Nutzen der Gruppe mit allen daraus resultierenden, schwerwiegenden Folgen.

Die damit einhergehende Abwertung des Selbst drückt sich auch in der Umgangssprache aus; das Wort selbst verliert in der vom Manipulativen Prinzip (vgl. den zweiten Aufsatz dieses Bandes) beherrschten Gesellschaft seine ursprünglich positive, lebenserhaltende Bedeutung, was ich in einem weiteren Abschnitt zeigen werde.
Eine weitere Folge der Ent-selbstung durch das Manipulative Prinzip ist, daß der Mensch seinen Körper, vertreten durch das Selbst, seinen Bedarf als Bedürfnis erlebend, geringschätzt, mißhandelt und leiden läßt. Ich werde mich daher am Ende dieses Beitrags mit dem menschlichen Leid, insbesondere mit der psychosomatischen Dynamik, beschäftigen.
Doch zunächst seien hier noch einmal die zentralen Merkmale des Selbst hervorgehoben: Das Selbst ist angeboren und artspezifisch; es ist der psychische Ausdruck des genetisch festgelegten Programms, der das Verhalten des Individuums natürlicherweise bestimmt, des Individuums, das Mitglied seiner Gruppe und der menschlichen Art ist und dem die Erhaltung des Lebens obliegt. Das Selbst und die Sinnlichkeit bilden eine Einheit. Die Sinnlichkeit, das Sehen, Hören, Schmecken, Riechen, Tasten, Spüren, dient der Selbsterhaltung. Nur sinnesspezifische Qualitäten des Augenblicks – weder der Vergangenheit noch der Zukunft – können die Sinne reizen. Das Selbst ist vom Sollen, vom Über-Ich zunächst nicht eingeschränkt, kommuniziert mit dem Ist und ist daher aufgrund des Wahr-nehmens der Wirklichkeit schöpferisch; es ist weder einer aktuellen Konvention noch einer Tradition unterworfen; es nimmt also das wahr, was wahr ist, und nicht das, was wahr sein soll. Das ist die Grundbedingung für Kreativität, die die Selbsterhaltung ausmacht.

Das Selbst bildet den Kern des Individuums und seiner Gruppe; es wirkt im Dienste der Erhaltung des Lebens durch sein Instrument, das Individuum, das – mit Urvertrauen ausgestattet – geboren wird.
Das Selbst ist in der menschlichen Gesellschaft aber auch *der* Brennpunkt, gegen den sich alle Angriffe der jeweils herrschenden *Ideologien* einer Gruppe (etwa Religion, Weltanschauung etc.) richten. Mir scheint, es gibt ein universell gültiges, ungeschriebenes Gesetz, das verlangt, daß alles, was natürlich, von selbst, selbst-verständlich entsteht, einer Gruppenideologie unterworfen werden, das heißt zur Pflicht, zu einem Soll gemacht werden muß.
Diese Enteignung des Selbst als Motiv menschlichen Handelns beginnt in der abendländischen Kultur wohl mit der Aussage der Bibel, die Welt und ihre Lebewesen seien nicht von selbst entstanden, sondern von Gott geschaffen worden; der Mensch habe daher nicht sich selbst, sondern seinem Gott dankbar zu dienen. Es heißt außerdem, vor dem Jüngsten Gericht sei es, neben vielen anderen Sünden, auch eine Schuld, wenn ein Mensch nicht gut gelebt habe. Ich glaube, zu diesem »guten Leben« gehören alle Instinkthandlungen, die der Selbst- und Arterhaltung, letztlich der Fortpflanzung dienen. Es ist bedauerlich, daß diese Handlungen durch diese religiöse Ideologie zur Pflicht gemacht und durch das Schulddenken der Lust beraubt werden.
Nicht Bedürfnis, Lust, Neigung dürfen das Individuum zum Tun motivieren, es muß Pflicht sein. Das Einzelwesen, das ursprünglich von selbst, als Instrument seiner Selbsterhaltung die Gruppe geschaffen hat, soll im Dienste der Gruppe, für deren Wohl leben. Es kommt zu einer Verkehrung des ursprünglichen Zustands. Dem Handeln

von Selbst, fürs Selbst, für die Selbsterhaltung (das letztlich der Gruppe zum Nutzen gereicht) wird mit Verachtung begegnet.

Während ich über die Enteignung des Selbst und seinen Ersatz durch ein ideologie-erfülltes Über-Ich, der unaufhaltsam in die Destruktivität, in die Zerstörung menschlichen Lebens führt, nachdachte, fiel mir das überlieferte typische Bild der Menschen um die Jahrhundertwende ein. Ich denke dabei an Fotografien von Frauen und Männern aus jener Zeit, aber auch an ihre Denkweise, die in hohem Maß von Grundsätzen bestimmt und eingeengt wurde. Hält man sich vor Augen, in welchem Maß diese Menschen in ihren Ideologien und Prinzipien gefangen waren und von der Wahrnehmung der Realität ferngehalten wurden, so nimmt es mich nicht wunder, daß sie einander auf den Schlachtfeldern der beiden Weltkriege wie Kampfhunde umbrachten und 75 Millionen Tote hinterließen.

Ihre Einschränkung wird schon durch die äußere Erscheinung der Menschen auf den erwähnten Fotografien sichtbar. Die Uniformen, in die man schon die Kinder steckte, unterbanden jede Äußerung kindlichen Wesens. Jugendliche erscheinen wie Erwachsene. Die Kleidung – Stock, Hut, Krawatte, steifer hoher Hemdkragen (die in der Zeit zwischen 1800 und 1840 »Vatermörder« genannt wurden) und steife Manschetten – war körperfeindlich und streng vorgeschrieben. Sie schnürte den Leib ein (und nicht nur ihn) und zwang zu einer uni-formen Körperhaltung. Die Hemden waren gestärkt, gesteift und grundsätzlich weiß (= farb-, gefühllos). Die Männer trugen das Haar streng gescheitelt, mit Hilfe von Haarnetzen gezähmt; jedes Haar wurde mit Pomade in eine feste Ordnung gezwungen; die Barthaare nicht minder. Der Bart erhielt seine

Form, wie Sitte und Ordnung es erforderten, indem man ihn in eine Bartbinde preßte.

Diese Männer, von denen man eine starke, ja kriegerische Haltung erwartete, die in einem Geist lebten, in dem Scham eine bedeutende Rolle spielte, schämten sich allerdings ihres eitlen, dandyhaften Gebarens nicht, weil es die Sitte erforderte. Da diese Aufmachung mühsam und unbequem war, wurde sie sogar zur Tugend. Quasi symbolisch verbarg der Bart den Mund, der etwas hätte ausdrücken, Sinnlichkeit verraten können.

Soldaten und Offiziere galten in der ersten Hälfte des Jahrhunderts als besonders attraktiv; und dies nicht nur in Deutschland. Sie genossen überall ein besonderes Prestige. Nicht nur äußerlich waren sie durch ihre Uniformen und einzwängendes Lederzeug eingeschnürt, auch unter der Uniform trugen sie nicht selten Korsetts. Über all diesen Äußerlichkeiten aber standen die Grundsätze, verehrt wie das Goldene Kalb, die das Betragen des braven Untertans diktierten.

Was vom Menschen-Mann um die Jahrhundertwende übrigblieb, zeigen die Fotos aus jener Zeit: maskenhafte, todernste Wesen, junge Greise, die im stolzen Bewußtsein ihrer tugendhaften Verantwortung in die Welt blicken, als seien sie nie jung gewesen. Als ein Symbol dieser Mentalität erscheint mir ein Gerät aus Eisen, ähnlich einem Fotostativ, dessen halbkreisförmiger Bügel dazu diente, den Hinterkopf zu umfassen, um ihn in der vom Fotografen erwünschten Position zu halten.

Diesem Bild des Mannes entspricht das der gehorsamen Frau, die ihre strenge Kleidung über einem sie bis zur Bewußtlosigkeit einschnürenden Mieder trug, die aus jeder Not eine Tugend werden ließ, ihr Leid wortlos, mit

Würde und Stolz, geduldig wie ihre Kleidung glaubte tragen zu müssen.

Das enteignete Selbst und die totalitäre Gesellschaft

Die Enteignung des Selbst und sein Ersatz durch ein Über-Ich bzw. durch ideologische Inhalte erreicht in totalitären Gesellschaften drastische Ausmaße und Wirkungen. Ich werde auf dieses Thema zunächst näher eingehen und anschließend zeigen, wie leicht Ansätze dazu auch in unserer demokratischen Gesellschaft zu finden sind.
Die im folgenden zitierten Dokumente sind, wie bereits erwähnt, dem Buch »Medizin im Nationalsozialismus« von Walter Wuttke-Gronenberg entnommen. Sie belegen die erschreckende, verhängnisvolle Denkart der NS-Zeit. Das über-ich-hafte Individuum, das sich nicht mehr auf seine eigenen Wahrnehmungen verläßt, ist offen für die Manipulation durch den Staat und den Mißbrauch im Interesse der herrschenden Ideologie.
Der »totale Staat« ist Ausdruck des Strebens nach der totalen Enteignung des Selbst, der Gefühle des Einzelnen. Die natürliche Folge ist, sollte dieser ideologiegeleitete (also nicht durch die Realität seiner Bürger bestimmte) Staat bedroht erscheinen, der »totale Krieg«, d. h. die Aufopferung der Menschen durch die von ihm eingesetzte ideologiebestimmte Maschinerie. Der Psychoanalytiker würde mit Recht sagen, daß eine solche totale Ideologiebestimmtheit, die den Anforderungen der Wirklichkeit des Individuums absolut widerspricht, Ausdruck von »Übertragung« schwerster pathologischer und pathogener Ge-

schichte ist. Ein Mensch, der in einer totalitären Gruppe lebt, wird in ihrem Rahmen nur dann als »gesund« und »normal« angesehen, wenn er selbst-los *der* Instanz dient, die an die Stelle seines enteigneten Selbst getreten ist. Die totalitäre Gruppe dient der Erhaltung einer *wahnhaften* Ideologie und nicht der Erhaltung des Lebens; für letztere ist das Selbst, nicht das an seiner Statt eingesetzte Über-Ich zuständig.

Die von Wuttke-Gronenberg gesammelten Dokumente zeigen, wie die totalitäre Ideologie sich auch der Medizin bedient, um alle Bereiche, die dem Fortleben des Einzelnen und der Gesellschaft dienen, ihren Zielen zu unterwerfen. Es gelten die folgenden »Ziele der Neuen Deutschen Heilkunde«

> ... Die Neue Deutsche Heilkunde wird Wächterin über Blut und Boden. Sie bestimmt die Volksernährung, die Fortpflanzung und die Verwendung des Ackerlandes. (Dokument 79-80, S. 145)

In einem solchen Staat wird das Individuum vergegenständlicht, Menschen werden zu »lebendem Volksvermögen«, die im Sinne der herrschenden Ideologie mißbraucht werden:

> Der materielle Geburtswert der deutschen lebenden Gesamtbevölkerung dürfte ... mit etwa 1625 Milliarden angenommen werden ... (Daß) jedes vorzeitige Sterben oder Arbeitsunfähigwerden eines Menschen den Staat relativ mehr belastet als ein Verlust von Sachwerten und der Zuwachs an lebendem Vermögen dem Staat weit mehr gibt als die Erhöhung des toten Kapitals ...
> Jedes vorzeitige Sterben eines Menschen (vor dem 65. Lebensjahr) gestattet nicht die volle Ausnützung seines Geburtswertes ... der Vollwert des Menschen ... ist gleichzusetzen mit dem Wert des einzelnen Menschen für eine Volksgemeinschaft! Diesen jetzt zum erstenmal in der Weltgeschichte erkannt zu haben, ist das große Verdienst des Nationalsozialismus, denn nur diese Weltanschauung

konnte den Boden für das neue Werturteil über Menschen und Volk entstehen lassen! (Dokument 3, S. 15)

In der Natur führt das Tun aller Lebewesen, das mit Arbeit vergleichbar ist, zur Selbsterhaltung des Lebens, ob es sich nun um das Herbeischaffen von Nahrungsmitteln (Selbst-erhaltung) oder um die Brutpflege (Art-erhaltung) handelt. Das »Göttliche« an der »Maschine« Mensch (oder auch Tier) ist, daß sie natürlicherweise von selbst, für sich selbst tätig ist und dazu keine äußeren Beweggründe oder Zwänge nötig hat, daß dem Individuum das »Schaffen«, beginnend mit der Befruchtung der Eizelle, aus der es sich entwickelt, ein unabdingbarer Bedarf ist. Im NS-Staat aber wird »Arbeit als sittliche Pflicht« angesehen (Wuttke-Gronenberg, Dokument 22, S. 46).
Stimmt ein Mensch im »totalen Staat« mit den staatlich-gesellschaftlichen Gegebenheiten nicht überein, ist er anderer politischer Meinung und »leistet« etwas anderes als das von der staatlichen Ideologie Geforderte, wird er für »krank« befunden und folgerichtig in ein psychiatrisches Krankenhaus eingeliefert oder in einem KZ »resozialisiert« oder »liquidiert«. Von dieser Einstellung zeugen die folgenden drei Dokumente:
Die menschliche Leistung als Grundlage des totalen Staates

... In dieser Entwicklung ist die Wehrfähigkeit als die letzte Stufe für den Wert des Mannes anzusehen, ... Es kann also nur der voll Wehrfähige die Bezeichnung »gesund« und »normal« für sich in Anspruch nehmen. (Dokument 18, S. 33 f. und 37)

Während hier nur volle Wehrfähigkeit als »gesund« und »normal« bezeichnet werden, sind im folgenden die Begriffe Leistung und Gesundheit schlicht gleichgesetzt:

Gesundheit ist Leistung

Wir ... trennen ... die Begriffe »gesund« und »leistungsfähig« nicht voneinander, sondern verstehen sie als etwas völlig Identisches, leugnen also die »Gesundheit«, wenn keine »Leistung« vorliegt, ... »Krankheit« (= Leistungsunfähigkeit) kann naturwissenschaftliche, d. h. medizinische Ursachen haben, sie kann aber auch politisch bedingt sein ... Auch Streiks gehören in dieses »Kranksein« hinein! (Dokument 19, S. 38)

Leistung im hier gebrauchten Sinne ist nicht die Leistung einer medizinisch und psychologisch gesunden Persönlichkeit, sondern Ausdruck einer rein weltanschaulich bedingten besonderen geistigen Haltung.
Konsequent fordert dieses ent-selbstete Denken für »leistungsunfähige« und daher »unnormale« Mitglieder der Gesellschaft den »Gnadentod«:

Man müßte ein Gesetz schaffen, das der Natur zu ihrem Recht verhilft. Die Natur würde dieses lebensunfähige Geschöpf verhungern lassen. Wir dürfen humaner sein und ihm einen schmerzlosen Gnadentod bereiten ... (Dokument 10, S. 24)

Wie restlos der »totale Staat« die Enteignung des Selbst anstrebt, verrät der Anspruch: »Du – wie jeder Deutsche – gehörst mit all deinen Gaben und Kräften deinem Volke ...« Daher ist »Gesund zu sein ... das erste Menschenrecht – zugleich aber eine ernste Pflicht. Es ist eine Pflicht ... um die Welt befruchten zu können.« (Dokument 50, S. 89). Das, was hier vom einzelnen gefordert wird, ist staatliche Leibeigenschaft, eine Art Roboterdasein. Staatsbürger, die willenlose Roboter sind, können ohne Widerstand in den eigenen Tod geschickt werden; welcher Art die Untertanen in totalitärer Gesellschaft zu sein haben, wird in dem folgenden Gedicht unter der Überschrift »Was wir brauchen« klar ausgesprochen:

... trutzig wie Helden im Kampf und Streit,
still und geduldig in Not und Leid
...
die in hartem Kampf sich selbst überwunden,
...
in tiefer Demut zum Dienst getrieben;
Menschen, die glaubensfroh alles wagen.
(Dokument 33, S. 70)

Mit einem Schopenhauer-Zitat, das im Sinne der Ideologie ausgelegt wird, untermauert der Verfasser des folgenden Dokuments seine Forderung nach der Enteignung des Selbst als Beweggrund des Lebens und seine Substitution durch das Über-Ich, dessen Inhalt ein »Ideal« ist:

»Das Höchste, was der Mensch erlangen kann, ist« – nach Schopenhauer – »ein heroischer Lebenslauf«, d. h. ein Leben, das unter einem Ideal steht, von ihm Sinn und Glanz erhält. Dafür alles hinzugeben, im Notfall auch die Gesundheit, ist Würde und Glück!

Wir sehen aber nicht nur eine Pervertierung des Prinzips der Selbst-Erhaltung, sondern auch den Versuch, die faszinierenden Lebensabläufe im Organismus, die der Erhaltung der Gesundheit und damit des Lebens »von selbst« dienen, quasi in die Verwaltung des »totalen Staates« zu überführen. Um die Gesundheit mit dem Gefühl des »Glücks« hingeben zu können, muß Gesundheit als Opferwert vorhanden sein. Und so soll sie im Sinne der Ideologie geschaffen und erhalten werden:

Hart werden
... Kranksein kann tatsächlich eine schwere Unart sein, ... oder ist es nicht ein Mangel an Rücksicht, wenn jemand, der keine Lust hat, sich etwas abzuhärten und bewußt zu erziehen, uns mit seinen ewigen Unpäßlichkeiten behelligt? ... Schlägt das Wetter um, dann husten drei von fünf Volksgenossen sich an ... Die Menschen, die etwas auf sich halten und bewußt ihren Lebensweg gehen, sind Opfer der andern ...

Wenn jemand jahrelang zu viel gegessen hat, dann möge er seine Bauchschmerzen für sich behalten. Eine Meisterklasse sind die regelmäßig Erkälteten, die sich zu warm anziehen und sich zu wenig in frischer Luft ausarbeiten... Es gehört zu den obersten Pflichten jedes Volksgenossen, seine Gesundheit zu pflegen... (Dokument 64, S. 120)

Es mutet zynisch an, eine Krankheit, mag sie auch mit Beteiligung eigener Persönlichkeitsanteile entstanden sein, als »Unart« zu bezeichnen, und tragikomisch, wenn »Volksgenossen« des »Anhustens« anderer angeklagt oder zur Abhärtung, zur Arbeit in frischer Luft, zum Essen mit Maß verpflichtet werden sollen.
Dieselben Prinzipien reglementieren auch die Gesundheit der Seele:

Was verstehen wir unter Seelenpflege?
»Genieße, was dir Gott beschieden
Entbehre gern, was du nicht hast!« ...
Das Lebensziel ... muß immer durch selbstlose Pflichterfüllung im Dienste gewisser Aufgaben an unserem Volk geadelt sein ... Nicht Selbstsucht, sondern Selbstzucht!

Solch ein Anspruch ist die unweigerliche Folge der vom einzelnen geforderten Selbst-losigkeit, eines mangelnden Interesses an der Erhaltung des Lebens. Diese ideologische Forderung hat zur Konsequenz, daß das Angebot von Kanonen statt Butter und der »totale Krieg« statt des Friedens willkommen geheißen werden. Doch nicht nur die Gesundheit als allgemeiner Wert, auch die körperlichen Vorgänge werden instrumentalisiert und sollen im Sinne des totalitären Geistes funktionieren:

Die Kunst, durch richtiges Kauen zu sparen und gesund zu sein

... Schlecht gekaute und nicht genügend durchspeichelte Brocken werden ... nicht verdaut, sondern gehen größtenteils ungenutzt wieder ab ... bei richtigem, gründlichem Kauen (wird) der Mensch von nur der Hälfte bis einem Drittel der bisher gewohnten Nahrungsmenge satt ... Man bedenke, welch große ... volkswirtschaftliche Ersparnis! ... Ein weiterer Vorteil wäre noch die nicht unwesentliche Ersparnis an Brennstoffen, wenn nur die Hälfte oder ein Drittel gekocht werden müßte.

Die Moral:

Kaue jeden Bissen, ohne willkürlich zu schlucken oder dabei zu trinken, so lange, bis er allmählich aus dem Munde verschwunden ist. (Dokument 133, S. 235)

Die Reglementierung durch den »totalen Staat« greift also auch auf den Darm und die Verdauung »total« über.

Abführmittel erzeugen Krebs!
Nur Darmstählung und Selbstentgiftung
bringen Dauerlösung ohne Gefahr!
... Verstopfung (ist der) Urheber fast aller Leiden ...

Und so soll sie beseitigt werden:

... durch einfache Autosuggestionen – zu deutsch: durch kraftdenkerischen Selbstbefehl – ... ist es ein Kinderspiel, auch die langwierigsten Verstopfungen auf geistigem Wege zu beseitigen. (Dokumente 118, 119, S. 214)

Die Enteignung des Motivs zu essen, der Genuß am Stillen des Hungers, der »von selbst« zustande kommt, der es verhindert, daß aus Essen und Trinken ein Fressen und Saufen wird, ist die Folge des Verbots der Selbst-Befriedigung und des Gebots der Befriedung der Gruppe im Auftrag des Über-Ichs. Der lächerlich wirkende, doch tödliche Ernst dieser, aber auch anderer Ideologien, das Fehlen jedweder Relativierung, die Sicht einzig mit den Augen der Weltanschauung, führt zu einer Humorlosigkeit, die die eben zitierten Aussagen wie eine zynische Satire wirken lassen.

Die Anpassung körperlicher Vorgänge an das Interesse

des Staates sollen schon im frühesten Kindesalter vorbereitet werden. Will sich etwa das Atmen des Kindes nicht »von selbst« einstellen, werden dem Kind »seine ersten Prügel zugeteilt«:

... Aber da fangen schon die Dummheiten und Nachlässigkeiten an. Das kleine Mädel will nicht atmen. Es wird blau im Gesicht. Rasch faßt man es an den Beinen, eine Hand zielt treffsicher nach zwei winzigen Halbkugeln. Dann klatscht es schallend. Und krähendes Schreien kündet den erwünschten Atemzug. Das Leben hat seine ersten Prügel zugeteilt. Hätte das Kind von selbst geatmet, wären ihm die Schläge erspart geblieben. Und so bleibt es das ganze Leben. (Dokument 113, S. 206)

Nicht viel später wird das Kind, ohne daß seine Erzieher recht wüßten, was sie da sagen, angehalten, einen Löffel für Mutti und einen für Vati zu essen. Den Rat »Gut gekaut ist halb verdaut« bekommt man auch heute noch zu hören, und daß der Mensch einen »*geregelten* Stuhlgang« haben soll, glauben viele Patienten und Ärzte.

Ebenso wie die Darmtätigkeit sollen auch das Geschlechtsleben und die Partnerwahl sich dem Staatsinteresse unterordnen. Himmler sagte in einer Rede an die SS:

... wenn die Eltern und Brüder des Mädchens genau so gut aussehen – das ist praktische Rassenerkenntnis, dann ist das ein Zeichen, daß in der Familie gutes Blut ist. Sehen aber die Geschwister, die Mutter und der Vater unmöglich aus, dann kann sich der brave SS-Mann ohne weiteres sagen, daß da in der Familie seines Mädchens Blut ist, das für ihn nicht wünschenswert sein kann. (Dokumente 141, 142, S. 245)

Die Frau wird als bloße Trägerin ihrer Geschlechtsdrüsen gewertet und ihrer Subjektivität beraubt. Sie wird zur Gebärmaschine, die – am Maßstab der Ideologie gemessen – Wertarbeit zu leisten hat; diesem Zweck soll auch ihre »Drüsenpflege« dienen:

Der Weg zum Frauenglück über die richtige Drüsenpflege
... Kennen Sie den größten Freudentag für unser ganzes Volk; Sie ahnen ihn!
Er ist stets, wenn ein kleines deutsches Mädchen geboren wird, die zukünftige Mutter deutscher Kinder. Der Himmel lacht dann im strahlenden Blau. Die Sonne leuchtet goldener als sonst. Alle Vöglein singen und jubeln. Droben, die kleinen Engel stimmen ihre Instrumente für ein harmonisches, frohes Lebenslied. Und das ganze Erdendasein scheint glücklich und licht, wenn – ja eben wenn ein kleines deutsches Mädel geboren wird! ... Nur gesunde, echt deutsche Kinder verspricht ihm die Zukunft.
... jedes kleine Mädchen ... (bekommt) auf die Reise einen Talisman ... Zwei kleine, graue Beutelchen ... tief in seinem Schoß. Keimdrüsen ..., läßt (es) seine kleinen grauen Beutelchen verschmutzen, ... teilt das Leben seine Prügel aus ... (Dokument 113, S. 206)

Die Frauen werden typisiert; »vollwertig« im Sinne des Nationalsozialismus erscheint nur die pyknische Frau, die versonnen auf ihr Körpergeschehen lauscht, von körperlicher und geistiger Mütterlichkeit erfüllt ist. Ihr Gegenbild ist die unbefriedigte, ichhaft introvertierte Frau, die frigide ist, an Vaginismus, Dysmenorrhoe, Schwangerschaftserbrechen etc. leidet. Sie kann sich nicht hingeben, Mütterlichkeit ist ihr fremd, während die Pyknika problemlos lebt und liebt. (Dokument 139, S. 246, 247)
Die Bemühungen der Nationalsozialisten in der »Geburtshilfe« zielen darauf, die Frauen auf das »Schlachtfeld« der Fortpflanzung zu treiben, sie zu »Gebärmaschinen« zu reduzieren; während die SS auf das Konzept eines polygamen »Staatshurentums« setzte. Beides sollte dazu dienen, das Programm des Nationalsozialismus »menschenökonomisch« abzusichern.
Noch während das Massensterben des Zweiten Weltkriegs in vollem Gange war, sorgte sich der Führer um den »Geburtenausfall« nach dem Krieg:

... Nach diesem Kriege werden wir, wie der Führer betonte, 3-4 000 000 Frauen haben, die keine Männer mehr haben bzw. bekommen. Der sich hiermit ergebende Geburtenausfall wäre für unser Volk gar nicht zu ertragen: Wieviele Divisionen würden, betonte der Führer, uns in 20 bis 45 Jahren und weiter fehlen. (Dokument 157, S. 265-269)

(Eine Schwierigkeit sieht Martin Bormann – der Schreiber dieser Überlegungen – bei den Frauen, die, aus angeborenem Mangel an Logik, ihre Männer zum Zwecke des Zeugens von Nachkommen nicht an andere Frauen ausleihen wollen.)
Nicht weniger betroffen macht es, wenn wir solch eine Auffassung auch aus dem Munde des Direktors einer Universitätsfrauenklinik hören:

... nur das Volk hat eine sichere Zukunft, bei dem unmittelbar neben der Nationalflagge die Leine mit Kinderwindeln flattert.
... (er fordert neben den) Schlachtensiegen unserer Heere ... die Siege der Wiegen. (Dokument 158, 2-4, S. 272)

Alle hier zitierten Äußerungen zeugen von der Rigidität von Ideologien, die – von der Sinnlichkeit gelöst – leugnen, daß das Prinzip der Erhaltung des Lebens allen Lebewesen innewohnt und ihr Tun natürlicherweise motiviert. Würde die Sinnlichkeit zugelassen, könnte die dargestellte Verdinglichung des Menschen nicht stattfinden, denn die Sinnlichkeit steht im Dienste des Selbst und kann nur die gegenwärtige Wirklichkeit, das Ist, vermitteln; sie verhindert dadurch, daß das Subjekt aus der Vergangenheit in die Zukunft, an der Gegenwart vorbei lebt – und wenn es hungrig ist, Kanonen statt Butter fordert.
Im Gegensatz zur (selbstbezogenen) Sinnlichkeit erlaubt das ideologieerfüllte Über-Ich aus Angst, die Zukunft zu gefährden, dem Individuum nur *das* wahr-zunehmen, was

sein *soll. Die* Zukunft, auf deren Gestaltung aus der Gegenwart heraus der einzelne verzichtet, weil er fürchtet, sie, die er aufgrund seiner Übertragungsängste mit Objektverlust gleichsetzt, zu verlieren.

Wie ich eingangs gesagt habe, ist dieser Geist, der von der Enteignung des Selbst und seiner Substitution durch das Über-Ich bestimmt ist und in totalitären Strukturen gipfelt, in unserer Zeit keineswegs überwunden. Er ist m. E. ubiquitär und deshalb schwer wahrzunehmen; uns fehlt der Kontrast einer realitätsgerechten Denkweise, insbesondere, da wir ja Gruppen mit anderer Mentalität meiden (einen Extremfall solchen Verhaltens finden wir bei sich hermetisch abschließenden Sekten).

Uns allen sind Redensarten bekannt, die von der Enteignung des Selbst als Beweg-grund zeugen, z. B. (wie auch schon an anderen Stellen dieser Arbeit erwähnt) der Ratschlag »Gut gekaut ist halb verdaut«, das Nötigen des Kindes, »einen Löffel für Mutti, einen für Vati« zu essen etc. Im AOK-Magazin »bleib gesund« vom August 1986 erschien ein Artikel »Abnehmen mit Vernunft/Vier-Jahreszeiten-Kur des AOK-Magazins« – eine »vernünftige« Reglementierung des Essens für das ganze Jahr. Die Regulierung des Körpergewichts gehört zum Gesprächsstoff aller Gesellschaftsschichten unserer Wohlstandsgesellschaft. Als ob nichts »von selbst« ginge.

Wir sind es »unserer Gesundheit schuldig« zu laufen, zu essen, zu trinken, genügend zu schlafen und einen »geregelten Stuhlgang« zu haben. Wir lieben einander oft unabhängig vom aktuellen Bedürfnis, unseren Leistungsvorstellungen entsprechend. Kaum ein Politiker bekennt sich heute dazu, aus *eigenem* Interesse tätig zu sein. Fast alle betonen, im Interesse des Volkes zu handeln. Daher überrascht es nur wenig, wenn wir in einem Grundsatzreferat anläßlich des Gesundheitspolitischen Kongresses einer Regierungspartei im Jahr 1980 folgendes lesen:

> Heute ist es doch fast schon so, daß Amoralität, Randgruppen und Perverse schon eher als normal angesehen werden als die Normalen, daß sich ein anständiger Bürger, der arbeitet und Steuern zahlt, fragt, bin ich eigentlich noch normal. Genau das wollen diese linken Volksverderber erreichen. »In« ist doch heute z. B. ein Schwuler, der einige Trips hinter sich gebracht hat, arbeitslos und psychisch auffällig ist, selbstverständlich Sozialhilfe bezieht, seine Weisheiten aus dem SPIEGEL hat und natürlich intellektuell ist. Wenn er dann noch einem Polizisten eine verpaßt...

Wir haben gelesen, daß Gesundheit im totalitären Staat Leistung, Pflicht und nicht Privatsache ist. Doch auch in unserer Zeit wird der Leistungsmensch, der sich keine Krankheit erlaubt, hoch geachtet. Völker, bei denen die Leistung weniger groß geschrieben wird, werden zumindest leicht verachtet. Der Spitzenleistungsmensch, der Top-Manager, genießt großes gesellschaftliches und politisches Ansehen. Ironischerweise werden diese Leistungsmenschen, die sich selbst und ihrer Umwelt keine Leistungsunfähigkeit (= Krankheit) erlauben, von der sogenannten Managerkrankheit stillgestellt.
Ich wiederhole: das im Sinne der Erhaltung des Individuums (und damit für die Erhaltung der Gesellschaft) wirkende Selbst, der Sitz der Motive alles selbstbefriedigenden Tuns und natürlich auch aller Triebe, wird von der jeweils herrschenden Gruppenideologie als Sitz des Bösen, des Egoistischen (Selbstischen), Asozialen im Menschen verpönt, verachtet und bekämpft. Diese Verachtung führt in autoritären Gesellschaften zur realen Bedrohung der Exisenz des Individuums, unter Umständen sogar zu

seinem Tod. Das, was ursprünglich »von selbst«, »natürlich« entstanden ist, wird nach einem universell gültigen Prinzip der menschlichen Gesellschaft zur Pflicht transformiert. Mit der Pflicht gehen Schuld, Strafe, Schulddenken, das Schuldprinzip und Schuldgefühle, kurz das *Manipulative Prinzip* einher. Was bewegt durch Gefühle und Emotionen entstand, geschieht im Schuld- oder manipulativen Denken aus dem *Schuld*gefühl heraus. Wo ursprünglich, phylo- wie ontogenetisch bedingt, das Selbst, in dem zentripetal alle Informationen, vom Sensorium vermittelt, zusammentreffen, die Motorik bestimmt, steht nach der beschriebenen Metamorphose nun das Über-Ich, das der aktuellen Ideologie der jeweiligen Gruppe gehorcht; das Über-Ich, das dem Individuum in früher Kindheit als Statthalter des enteigneten Selbst eingesetzt wurde. Es funktioniert im Sinne der Erhaltung der Gruppe bei Verachtung des Individuums. Im Extremfall, in totalitären Regimen, aber in abgeschwächter Form auch bei uns, heißt es dann, der einzelne sei nichts, die Gemeinschaft alles. Während also das Selbst der Erhaltung des Lebens dient, arbeitet das Über-Ich durch seine Verachtung des Individuums schließlich auf dessen Vernichtung hin.
Der Mensch und Wissenschaftler Sigmund Freud hatte den Mut, im Dienste der Befreiung von seiner eigenen Neurose sich gleichzeitig von einengenden Ideologien zu befreien. Viele seiner späteren Anhänger, die durch seine Erkenntnisse ihre persönliche Befreiung erreichen wollten, jedoch nicht seinen Mut hatten, zogen es vor, ihn und seine Ent-deckungen zu heiligen, um so keinen Fortschritt zu riskieren. Die Suche nach Freiheit stagnierte, Gebote, Gesetze, die einzuhalten Pflicht oder Mode wurde, traten an ihre Stelle. So wurden Freuds Erkennt-

nisse und Meinungen kanonisiert und aus dem dialektischen Verkehr gezogen, wodurch die ursprünglich erhoffte Befreiung des Individuums in spießigen Zwängen erstarrte. Ein Schicksal, das dem des Marxismus in seiner staatlichen Institutionalisierung nicht wenig ähnelt.

Als der unbewußte Motor dieser Entwicklung erscheint mir der Zwang, als Opfer und nicht als Täter, als Befehlsempfänger und nicht als Schuldiger zu erscheinen, nicht von selbst und somit allein zu handeln. Aber wo das Selbst zum Schweigen gebracht wird, endet die Kreativität, und wo das Über-Ich regiert, beginnt die Institution, die das Individuum aus der Tätigkeits- in die Leidensform zwingt und Destruktivität zeugt.

Die persönliche und die Gruppenidentität

Das Individuum, dessen Selbst intakt geblieben ist, hat *seine* eigene *persönliche Identität*. Es wählt und schafft selb-ständig seine Beziehungen – Beziehungen, die ihm allein und gerade dadurch auch dem (Beziehungs)Partner die maximale Befriedigung, das heißt auch existentielle Sicherheit bieten. So ist es nur selbstverständlich, daß sich zwei Menschen mit gleichen Interessen, jedoch in erster Linie mit einander komplementierenden Bedürfnissen zusammentun. Bei Menschen mit intakter persönlicher Identität geschieht das zur gegenseitigen Erhaltung und Förderung ihrer selbst, ihrer subjektiven Werte, ihrer Lebensqualität. Es geschieht in ständiger dialektischer Auseinandersetzung, in ständiger Beurteilung, Er-wägung, Bilanz der Vor- und Nachteile, letztlich im Sinne der Erhaltung des Lebens.

Diesem dynamischen Zusammenhalt von Individuen, *Subjekten* in einer Gruppe, steht das statische Dasein derjenigen gegenüber, die unter dem Zwang von Ideologien zu einer Pseudogemeinschaft zusammengezwungen wurden. Eine solche Gruppe macht den freien Verkehr zwischen den Individuen und der Gemeinschaft und damit die dialektische Entwicklung unmöglich. Sie hindert das Individuum am Überwechseln in andere Gruppen, die ihm bessere Lebensqualität und Existenzsicherheit bieten würden. An Beispielen mangelt es uns auch in der Gegenwart durchaus nicht. Wir kennen *die* Mauer, eine äußere, die mit einer inneren, ideologischen korrespondiert.
Noch nach dem letzten Krieg wurden auch in der »freien« Gesellschaft Personen, die eine Gruppe oder einen Staat, mit denen sie sich nicht mehr identifizieren konnten, verlassen hatten und in andere übergewechselt waren, politisch und moralisch verurteilt und benachteiligt. Dies geschah vor dem Hintergrund der Überzeugung, daß die eigene Identität der Gruppenidentität grundsätzlich nachzustehen habe. Tatsächlich ist aber die persönliche Identität das Motiv und die Voraussetzung für die Entstehung der Gruppe; erstere wirkt sich konstruktiv und schöpferisch aus, die Gruppenidentität dagegen stets destruktiv.

Das Wort »selbst« und seine Bedeutung in der Sprache

Dem Leser dürfte es kaum entgangen sein, daß ich der Bedeutung des Wortes »selbst« im alltäglichen Sprachgebrauch nachzugehen versuche, ihn mit der psychoanalytischen Anwendung des Begriffs vergleiche und in Einklang zu bringen suche. Die Enteignung des Selbst als Movens menschlichen Handelns findet auch in der Sprache ihren Niederschlag.

Das Wort »selbst« wird vom Kleinkind synonym mit dem Wort »allein« gebraucht. Das Kind ruft: »selber« oder »allein machen!« – eine notwendige Forderung des Kindes auf dem Weg der stetigen Ver-selb-ständigung. Erfüllen wir ihm seinen Wunsch nicht, wird es wütend. Wie ich an anderer Stelle beschrieben habe, kommt es im Laufe der Entwicklung des Individuums zum Divergieren der Bedeutung dieser ursprünglich synonymen Begriffe, und zwar dadurch, daß die Erziehung die Enteignung des Selbst, des Motivs »von selbst« zu handeln, unter der Drohung, *allein-gelassen* zu werden, anstrebt.[1]

Einen Kontrast zu der so zentralen Bedeutung des Wortes »selbst« für das Kleinkind zeigt uns die Etymologie. Bei F. Kluge heißt es:

> In der Stammsilbe vermutet man das idg. Refl. Pron. se- ... *selbst* erscheint seit 1541 in Lutherbibel für älteres *selb(s)*. Die Substantivierung zu *Selbst* n. erscheint zuerst ... 1696 ... im Pietismus in asketischem Gebrauch (das böse, sündlich, verderbte, arge Selbst).

Das Substantiv Selbst hat also seit seinem ersten Auftreten eine »böse«, »sündige« Qualität. Die Verachtung des

1 Der Bedeutung, die der Synonymität und Verbundenheit der Worte »selbst« und »allein« zukommt, entspricht die Faszination, die der Roman *Robinson Crusoe* auch heute – nach etwa zwei Jahrhunderten – noch auslöst. Robinson, der allein auf eine Insel verschlagen wird, macht alles allein, alles selbst. An diesem Tun von selbst, das allein durch die Not-wendigkeit angeregt, vom Selbst bewegt ist, wirkt die faszinierende Kreativität des Helden beeindruckend.

Selbst ist allerdings schon viel älter, wie etwa die Geschichte Spartas in antiker Zeit zeigt, wo die Selbst-erhaltung gegenüber der Staatserhaltung keine Rolle spielen durfte, oder wie es aus römischer Zeit durch den Satz »Süß ist es, für das Vaterland zu sterben« belegt wird. Als Folge wurde das Selbst – dramatisiert, jedoch nicht übertrieben dramatisch ausgedrückt – im Rahmen der Erziehung konsequent exorziert, ausgetrieben.

Sogar die – ursprünglich gar nicht gesellschaftskonforme – Psychoanalyse hat diese Austreibung anfangs übersehen, akzeptiert oder gar bestätigt. Meiner Ansicht nach tat sie dies, indem sie das Selbst unbeachtet ließ, es nicht bei seinem Namen nannte, sondern es als exiliertes Drittes mit dem Fürwort der dritten Person als *Es* bezeichnete, ins fremde Ausland, in den Untergrund verbannte und mit einem fremden Namen belegte.

So wie die Einheit von Leib und Seele in vielen Religionen nicht geduldet wird, das Fleisch als minderwertig gilt, so wurde und wird auch sein Repräsentant, das Selbst, wie etwas Fremdes behandelt. Das Selbst ist, wie der Körper, das »Fleisch«, das »Unglück« des Menschen. Daher kommt es, daß wir sagen, *es* tut uns ein Körperteil weh, als ob er etwas Fremdes, ein Anderer sei (wie ich unten sage, wohl auch deshalb, weil dieser Körperteil von der Mutter nicht entsprechend beachtet wurde und daher nicht integriert werden konnte).

Trotz der offenbar schon so lange währenden Verdammung des Selbst ist in der Sprache der Konflikt, der durch seine Enteignung entstanden ist, nicht zu übersehen. Es gibt eine lange Reihe von Ausdrücken, deren Kern das Wort »selbst« bildet und die an der Bedeutung des Selbst für die Erhaltung des Lebens keinen Zweifel lassen, z. B.

von selbst, Selbst-erhaltung, Selbst-bewußtsein, Selbst-vertrauen, Selbst-achtung, selb-ständig, selbst-redend (= selbst-verständlich, natürlich), selbst-sicher, Selbst-bestimmung etc.

Diesen Ausdrücken stehen andere gegenüber, in denen sich eine negative Wertung des Selbst ausdrückt:

Selbst-befriedigung, Selbst-beherrschung, selbstisch (zum ersten Mal von Goethe anstelle von egoistisch gebraucht), selbst-los, selbst-süchtig, Selbst-zucht, Selbst-zufriedenheit, Selbst-gefallen etc.

Es dürfte kein Zufall sein, daß die Wörter der zweiten Gruppe in der Terminologie autoritärer Strukturen besonders innig beheimatet sind.
Schon in der Antike gibt es Zeugnisse, die den Konflikt zwischen dem Selbst und dem Über-Ich belegen. Im Apollotempel in Delphi befand sich, wie die Griechen glaubten, der Omphalos, der Nabel der Welt (ein heiliger Stein in der Form eines halben Eies). Dort fordert eine Inschrift: »gnothi seauton«, zu deutsch: »Erkenne dich selbst«.
Cicero hatte übersetzt: »Nosce te«; dem griechischen wie dem deutschen Sprachempfinden genügte dieses »Erkenne dich« jedoch nicht. Das rückbezügliche Fürwort allein ergibt einen anderen Sinn als die Verbindung mit dem Wörtchen »selbst«; denn »Erkenne dich selbst« heißt: »Erkenne dein Wesen«, dem sich offenbar schon die alten Griechen entfremdet fühlten.
»Zu sich kommen« bedeutet, das Bewußtsein wiedererlangen; doch »zu sich selbst kommen« heißt, zu seinem *Wesen* kommen. »Sich vergessen« bedeutet, die Umwelt, die Moral, die Erziehung hinter sich zu lassen. Hinter dem rückbezüglichen Fürwort »sich« versteckt sich demnach das Über-Ich. »Sich *selbst* vergessen« dagegen heißt,

selbst-los sein, sein *Leben*, seine *Existenz* aufs Spiel setzen.

Schiller, in dessen Dichtung das Ideal einen hohen Stellenwert einnahm, meinte einerseits »Ein jeder zählt nur sicher auf sich selbst«, d. h., das Selbst erscheint ihm als das Organ, auf das das Individuum sich verlassen solle, andererseits schrieb er: »Der brave Mann denkt an sich selbst zuletzt«, womit er das Über-Ich verherrlichte. In diesem Widerspruch gipfelt meiner Ansicht nach der sprachliche Konflikt im Gebrauch des Wortes »selbst«. Hier wird in einem Satz die Enteignung des Selbst, seine Entwertung als Motiv des Handelns, als das es sich seit Beginn der Menschheit bewährt hatte, ausgedrückt, und zugleich wird deutlich, daß das ideologieerfüllte Über-Ich an seine Stelle getreten ist.

Auch in unserem Gebrauch von Redensarten finden sich zahlreiche Zeugnisse der Machtergreifung durch das Über-Ich nach der Enteignung des Selbst. Dies sind gleichsam magisch gebrauchte Wendungen, die ein ausgesprochenes Glücksgefühl entgiften sollen: Sogar nichtgläubige Menschen sagen »Gott sei Dank«, um ihre Befriedigung auszudrücken. Befriedigung scheint sehr gefährlich zu sein; abgesehen davon, daß wir – wohl um die bösen Geister zu vertreiben – auf Holz klopfen, versuchen viele Menschen ihren Ausdruck des Glücksgefühls mit Leid zu verbrämen oder es als Geschenk des Schicksals darzustellen oder sie wagen es gar nicht auszusprechen, um nicht an ihrem Glück »schuldig« zu erscheinen.[2] Hier-

2 Dies dürfte eine der Wurzeln der Beliebtheit der Glücksspiele sein, das heißt zu gewinnen, ohne vorsätzlich dafür etwas geleistet zu haben.

her gehören auch geflügelte Worte wie: »Der Vogel, der am Morgen singt, den holt am Abend die Katz«, oder »Übermut tut selten gut« etc., außerdem die Tatsache, daß viele Menschen glauben, sie müßten ihre Neigungen als Pflicht erscheinen lassen, um so nicht »schuldig« zu werden. Sie verlieren dabei jedoch die Lust an ihrem Tun. Dieser Mechanismus liegt m. E. zahlreichen neurotischen Störungen zugrunde.

Die Dynamik dieser Erscheinungen verläuft folgendermaßen: Die vom Selbst angeregten, selbst-befriedigenden Handlungen werden mit *Lust-gefühlen* erlebt. Dem entspräche aus dem zitierten Sprichwort das Singen des Vogels am Morgen. Doch das an die Stelle des Selbst gesetzte ideologieerfüllte Über-Ich, das das Aufkommen von Lustgefühlen registriert, »schlägt Alarm«, weil es die Regeln der Ideologie für bedroht hält, und verursacht Schuld- und Leidgefühle: im Sprichwort die Bedrohung des Vogels (zur Strafe), am Abend von der Katz geholt zu werden. Von dieser Beziehung zwischen Lust und Leid zeugt auch der folgende Sprachgebrauch: »mögen« und »lieben« sind Verben, die die Lust auf etwas ausdrücken, doch »etwas (gut) leiden können« drückt das gleiche aus. Und auch das Substantiv Leidenschaft gehört in diesen Zusammenhang.

Schuld-gefühle können durch Leid ent-schuldigt werden; seit alters her gilt das Opfer, das man *erleidet*, als Sühne für Wünsche bzw. bereits erlebte Befriedigungen, die offenbar als Sünden erlebt wurden. Sehr eindrucksvoll zeugt von diesem Geist Schillers Ballade »Der Ring des Polykrates«: Der König von Ägypten spricht zum König von Samos, dessen Glück ihn »entsetzt«:

Fürwahr, ich muß dich glücklich schätzen,
doch zittr ich für dein Heil.
Mir grauet vor der Götter Neid,
... Auch mir ist alles wohlgeraten,
Bei allen meinen Herrschertaten
Begleitet mich des Himmels Huld,
Doch hatt ich einen teuren Erben,
Den nahm mir Gott, ich sah ihn sterben,
Dem Glück bezahlt' ich meine Schuld.
Drum willst du dich vor Leid bewahren,
So flehe zu den Unsichtbaren,
Daß sie zum Glück den Schmerz verleihn...

Der König von Samos spricht daraufhin, von Furcht erfaßt:

Von allem, was die Insel heget,
Ist dieser Ring mein höchstes Gut.
Ihn will ich den Erinnen weihen,
Ob sie mein Glück mir dann verzeihen.

Hier wird der Zusammenhang zwischen Glück und Schuld, zwischen Lust und Leid hergestellt, und es wird ausgesprochen, daß das erlittene Opfer die Schuld entsühne und die Verzeihung der Götter gewinne. Die destruktive Wirkung der Substitution des Selbst durch das Über-Ich wird in ihrer vollen Grausamkeit deutlich. Wie so oft in der Geschichte werden die Söhne, Produkte und Träger des Prinzips der Erhaltung des Lebens, geopfert. Diese Pervertierung des Selbsterhaltungstriebes kennen wir aus der biblischen bis hin zur modernen Geschichte; damals wie heute werden die Söhne einzeln geopfert und in Massen aufs Schlachtfeld geschickt.

Es ist der Geist, der sich den Körper baut.
(Schiller)

Das Opfer, das für vorangegangenes Glück, für vorangegangene Lust erbracht werden muß, spielt auch bei psychosomatischen Vorgängen eine Rolle. Hierbei dürfte – analog der Aussage »Wo Angst ist, war Lust« – die Formulierung »Wo Leid ist, war Lust« zutreffen. Ich möchte nun auf die Frage eingehen, wie das Individuum seinen Körper, in diesem Falle dessen Leid, »baut«, das heißt, auf welche Weise bei psychosomatischen Reaktionen aus Lust Leid erzeugt wird. Ich vermute hierbei den im folgenden dargestellten Mechanismus:

Einem aufkommenden körperlichen Bedürfnis geht ein Bedarf, ein Mangel oder eine Not mit einem entsprechenden Spannungsgefälle im Organismus voraus. Dieses führt dazu, daß eine entsprechende Reaktion in Gang gesetzt wird. Der Organismus erkennt quasi »von selbst« die Not-wendigkeit und leitet die »Selbst-befriedigung« ein. Soweit der physiologische Ablauf.

Wird jedoch das selbst-befriedigende Verhalten von frühester Kindheit an so behandelt, als sei es »unzulässig«, dann führt ein vom Über-Ich registriertes Spannungsgefälle, d. h. die Lust auf etwas, im Laufe der Zeit zu Schuldgefühlen und zum Konflikt. In dieser Reaktion werden die Erfahrungen mit der nicht funktionellen Mutter der Kindheit auf die aktuelle Situation übertragen. Die Reaktionen einer solchen Mutter bedeuten für das Kind eine elementare, existentielle Bedrohung, nämlich die des Verlassenwerdens. Das noch »unerfahrene« Kind kann dieser Bedrohung nur begegnen, indem es versucht, die Mutter durch ein »Opfer«, durch Leid, Verzicht auf Befriedigung der Bedürfnisse seiner selbst zu versöhnen.

Die Bedingung für eine (pathologische) psychosomatische Reaktion ist die vollzogene Substitution von Selbstanteilen durch das Über-Ich. Das Selbst gewinnt und hält sein Objekt mittels Lust, das Über-Ich mittels Leid, oder: das Selbst hält das Objekt mit Gefühlen, das Über-Ich mit Schuldgefühlen.

Drogensüchtige und Alkoholiker haben gemeinsam, daß sie die entwicklungsgeschichtlich jungen Anteile des ZNS (Zentralnervensystems), die Träger der Über-Ich-Funktion sind, durch Gifte mehr oder weniger ausschalten, »lösen«.

Die Schuldgefühle, Produkte des Über-Ichs, schwinden auch deshalb, weil die »Schuld« auf die Droge abgewälzt werden kann. Weiterhin *ent*-schuldigt auch das mit der Sucht einhergehende Leid.

Dem Süchtigen wird allerdings von der Gesellschaft immer wieder vorwurfsvoll seine »Täterrolle« vor Augen geführt. Er, der das Gift aktiv *zu sich nimmt*, wird von seinen Mitmenschen verachtet. Der psychosomatisch Erkrankte dagegen, insbesondere derjenige, bei dessen Krankheit die psychische Komponente noch nicht allgemein bekannt ist, genießt ein höheres Prestige. Die von Leid begleitete psychosomatische Krankheit entschuldigt; der Patient wird von einer Krankheit ganz ohne sein »Verschulden« befallen. Der Süchtige löst sein verinnerlichtes Über-Ich-Objekt in Alkohol oder Drogen auf und hofft so, das Selbst-Objekt, die funktionelle Mutter zu finden. Der psychosomatisch Kranke nimmt das Über-Ich-Objekt »in die Pflicht«, versucht, es durch sein Leid zu bewegen.

Es ist daher aufschlußreich, daß Sucht und psychosomatische Krankheiten oft vikariierend vorkommen, daß z. B.

der Süchtige, der »trocken« geworden ist, häufig an Magengeschwüren erkrankt.[3] Auch der Psychotherapeut, den der Patient auf-sucht, wird zum »Träger« und »Lösungsmittel« des Über-Ichs bzw. der Schuldgefühle. Daß er nicht zur »Sucht«, die Analyse nicht zur »chronischen Krankheit« wird, hängt vom Mut des Analytikers ab, seine Menschlichkeit und seine Rolle in der therapeutischen Situation deutlich zu machen und Übertragung wie Gegenübertragung aufzuzeigen; dies sollte nicht der nachanalytischen Zeit überlassen bleiben, das heißt, dem Vergessen zugewiesen werden.

Im Natürlichen Geschehen wirken Schmerzen »von selbst« mobilisierend auf die Abwehr und daher heilsam. Dagegen liegt es im Interesse des über-ich-haften Individuums, Leid, das vor dem Tribunal des Über-Ichs der Entschuldigung dient, zu erhalten. Der Unterschied zwischen Schmerz, Kummer, Sorgen, Furcht auf der einen Seite und dem Leiden auf der anderen scheint mir darin zu bestehen, daß erstere realitätsbezogene, sinnlich vermittelte Gefühle sind, die eine Bedrohung des Lebens signalisieren und folglich zu einer effektiven Abwehr führen. Leiden dagegen entsteht nicht aus Vorgängen, die sich zwischen dem Subjekt, dem Selbst, und seinem Körper abspielen, sondern aus solchen zwischen dem Körper und dem Über-Ich bzw. einer dritten, als übergeordnet erlebten Person.

Ein »guter« Patient ist derjenige, der leidet, geduldig, enthaltsam, genügsam ist, der etwas aushält oder erträgt. Er verpflichtet dadurch seine Umwelt, ihn zu beachten; an-

3 W. D. Rost (Psychoanalyse des Alkoholismus, 1987) geht auf das Vikariieren von Sucht- und psychosomatischer Erkrankung aus anderer Sicht ausführlicher ein.

dernfalls hätte sie gegen Schuldgefühle zu kämpfen. So wird Leiden zu einem Instrument, das der Patient nicht unbedingt missen möchte. Er chronifiziert die Krankheit wegen des sekundären Krankheitsgewinns (S. Freud). Gewisse Persönlichkeiten erwecken sogar den Eindruck, daß sie auf ihr Leiden *stolz* sind.

Eine gewisse libidinöse Beziehung vegetativ, psychosomatisch agierender Kranker zu ihrer Krankheit ist oft nicht zu übersehen. Sie können ihre Krankheit sozusagen gut leiden. Es ist interessant, daß die Wandlung von Lust auf etwas zum Leid auch sprachlich ihren Ausdruck findet.

Offenbar wird hier die Erfahrung kleiner Kinder zum späteren Verhaltensmuster: Die meisten Menschenkinder werden erst gefüttert, wenn sie bereits leiden, schreien, weinen, wenn aus dem Hunger-haben ein Hunger-leiden geworden ist (im Gegensatz zu Tierjungen, für die die Zitzen der Mutter kontinuierlich erreichbar sind). Doch nicht nur das »orale« Bedürfnis erleidet dieses Schicksal; die »aboralen« Bedürfnisse, zu deren Befriedigung noch vor nicht allzu langer Zeit »Bedürfnisanstalten« dienten, werden als Not-durft (Bedarf an Not-wendigem, im Angelsächsischen nied-pearf = notwendig) bezeichnet. Wir sagen: »ich *muß* mal«.

Und selbst die Liebe bleibt von diesem Wandel in die Leidensform nicht verschont. Mir erscheint Liebe bei einem Individuum mit ungestörtem Selbst das Bedürfnis nach einem Objekt auszudrücken, das verspricht, alle Teilbedürfnisse bis hin zum genital-orgastischen zu befriedigen.

Heute ist es selbst in Analytikerkreisen üblich, das Wort »sexuell« im Sinne genital-sexuell zu gebrauchen, obgleich

Freud (Gesammelte Werke XI, S. 332) »ein ›sexuell‹ gelten« ließ, »das nicht ›genital‹ ist, nichts mit der Fortpflanzung zu tun hat«, auch prägenitale Bedürfnisse mit einschließt. Der Liebende, der ein »Sexual-Objekt« not-wendig hat und *seinem* Bedürfnis entsprechend handelt, erscheint in der über-ich-haften Gruppe als (schuldhafter) »Täter«, das Sexual-Objekt als Opfer, das bloß benutzt wird. Der Mann wird in der manipulativen Gesellschaft aufgrund der in seinem Über-Ich verankerten Leistungsideologie zum Täter, der die Frau zur »Penetration benutzt«. Die Frau tritt ihrerseits nicht als Subjekt diesem Mann gegenüber, sondern bekämpft ihn als Objekt einer Contra-Ideologie, die Inhalt *ihres* Über-Ichs ist. Das Ergebnis ist die Beschuldigung des jeweils anderen Geschlechts und nicht eine selbst-verständliche, natürliche Komplementär-Beziehung, die Partnerschaft.

Auch die Ver-liebtheit scheint mir dazu zu dienen, »Schuld« von sich abzuwälzen. In der Ver-liebtheit wird das Bedürfnis des Subjekts nach einem Partner, der die Selbst-Befriedigung ermöglicht, zu einer Art Not-durft, der es nachgeben *muß*. Das Individuum gerät dadurch in die Leidensform. Für diese Qualität der Ver-liebtheit zeugen zahlreiche umgangssprachliche Ausdrücke (nach Borneman, »Sex im Volksmund«, Bd. 2, 9.4): »Feuer im Dach, im Loch, im Sack, im Schwanz; schwache Seite, Herzschwäche, überdreht, hin, weg (sein), hingerissen, verrückt nach, verknallt, vernarrt, verschossen, liebestrunken, Sklave der Liebe, Schmachtfetzen, vom Blitz getroffen (sein)«, u. ä. Alle diese Wendungen machen, weil sie Leid ausdrücken, vor der Instanz des Über-Ichs »juristisch« schuldunfähig.

Freud sieht in der Vorsilbe »ver-« das Mittel zum verbalen

Ausdruck von Fehlleistungen (GW XI, 19). Schlägt man die Etymologie der Vorsilbe »ver-« nach (Kluge), liest man u. a., daß »ver- auf got. *fra* zurückzuführen (ist), so wenn der Sinn eines Verschwindens oder Zugrundegehens vorliegt«, und als Beispiele dafür: »vergehen, -rinnen, -hungern, -lechzen«. Diese Wörter drücken starke Bedürfnisse und schweres Leid aus, das, wenn es unbefriedigt bleibt, zum Tod, zum Vergehen (z. B. vor Liebe) zum »Verrinnen des Lebens« führt.

In der Sucht wie bei psychosomatischen Erkrankungen und bestimmten Arten von Ver-liebtheit ist also der Versuch, das Über-Ich bzw. die von ihm verursachten Schuldgefühle dadurch auszuschalten und zu überlisten, daß Lust in Leid verwandelt wird, an der Bildung des Symptoms beteiligt.

Ich möchte nun zeigen, wie die *absolut* realitätsgerechte *Wahr*-nehmung einer Situation zu der dieser entsprechenden Motorik, Dynamik oder Somatik führt.

Immer wieder ist zu lesen, daß psychosomatische Symptome und depressive Verstimmungen bei ein und demselben Patienten abwechselnd oder auch gleichzeitig auftreten. Es mehren sich die Meinungen, daß bösartige Krankheiten bei depressiven Persönlichkeiten häufiger vorkommen, daß *Auto*-immunvorgänge (auto = griech. ›selbst‹) dafür verantwortlich sind, daß *auto*-aggressive Prozesse Krankheitsbilder hervorrufen können.

In einem Ärzteblatt las ich, daß bei Personen, die »immer gesund« waren, die über Jahre hinweg keine fieberhaften Erkrankungen durchgemacht haben, das Risiko, an Krebs zu erkranken, erhöht ist. Fieber ist ein Zeichen für die immunbiologische Abwehr des Körpers gegen Schadstoffe. Es zeugt von einem Engagement des Körpers für

sich selbst, ja es zeugt von der Existenz des Selbst, ist Selbst-Verteidigung. Es überrascht daher nicht, daß wir das Wort Fieber auch in Bezeichnungen für rein psychologische Zusammenhänge antreffen. So ist die Rede von Gold-, Reise-, Lampenfieber, wir kennen ein Fiebern aus Ehrgeiz, ein Spielfieber, wir arbeiten fieberhaft, fiebern (= verlangen heftig) nach etwas. Fieber ist also ein Ausdruck der lebens-erhaltenden Tätigkeit des Selbst. Es ist eine Reaktion, die eine intakte Sensorik voraussetzt. Nur wenn eine solche vorhanden ist, kann wahr-genommen werden, was wahr ist, und die entsprechende Re-aktion erfolgen; andernfalls kommt es zu Fehl-wahr-nehmungen, die weder zur Selbst-befriedigung noch zur Selbsterhaltung führen, sondern zum »Selbst-mord«.
Es ist bekannt, daß die Scherpas in Tibet sich bei −40° C barfuß im Schnee bewegen, daß andererseits Menschen mit bloßen Füßen über größere Flächen glühender Kohle bei Temperaturen von 600° bis 1000° C gehen können. Dabei erleiden weder die Scherpas Erfrierungen noch die Gluttreter Verbrennungen. Letztere suggerieren sich, über kühle Flächen zu wandeln, und ihre Haut reagiert dieser Suggestion entsprechend. Solche Phänomene können auch durch Hypnose erreicht werden. Beim Scherpa wie beim Gluttreter steht die »Motorik«, die körperliche Reaktion, im Dienste der Selbst-erhaltung. Sie erfolgt aufgrund der Wahr-nehmung der Situation, der Not-wendigkeit, einmal »von selbst«, d. h. den Anforderungen der natürlichen Umwelt entsprechend, das andere Mal willkürlich entwickelt.
Ähnliche Erscheinungen sind aus der Klinik, aber auch sonst bekannt. Wie der Marathonläufer, der nach dem Erreichen seines Ziels tot umfiel, vermögen wir unter

gewissen Umständen extreme Leistungen zu erbringen, wenn es die Situation erfordert.
Hierfür zwei Beispiele: Ein gestürzter Bergsteiger hielt sich vier Stunden lang in äußerst unbequemer Lage in einer Bergwand fest. Hätte er losgelassen, wäre er mehrere hundert Meter in die Tiefe gestürzt. Nachdem er von der Bergwacht hochgezogen worden war, verlor er, auf die Trage gelegt, sofort die Besinnung. Er konnte es sich dann quasi erlauben.
Ein Arzt mit absolut tödlichem Blutbefund bei Urämie regelte seine Angelegenheiten fast ungehindert noch über Wochen; er starb am Tage seiner Hospitalisierung. Dann war er zum Sterben bereit.
Jeder Arzt macht Erfahrungen mit solchen und ähnlichen Fällen. Sie zeugen von den außerordentlichen Potenzen des Selbst bzw. des das Selbst ersetzenden Über-Ichs. Unter besonderen Umständen werden hier Dinge geleistet, die vergleichbar sind mit den unter Hypnose oder Suggestion erbrachten Leistungen. In der Hypnose sind die Sinne fast völlig ausgeschaltet, das Medium ist nur empfänglich für Befehle des Hypnotiseurs. Der durch seine Sinne von der Not-wendigkeit der Situation absolut realitätsgerecht informierte Mensch wie das im Banne des Hypnotiseurs stehende Medium reagieren folgerichtig: ersterer selbst-erhaltend (bei ihm besteht eine enge, voll intakte sensomotorische Einheit – wahr-nehmen heißt auch tun! –, ein intaktes Selbst); letzteres, bei ausgeschaltetem Sensorium, realitätsfremd, fremdgesteuert. Daher kommt es beim Medium zu einer weitgehenden sensomotorischen Dissoziation; seine Motorik ist an eine fremde Instanz angeschlossen.
In einer ähnlichen Lage befindet sich auch das sensorisch

noch unerfahrene Kind, das seiner übermächtigen Mutter unterworfen ist, oder der Mensch, der von seinem Über-Ich, das Abkömmling einer solchen Mutter ist, imperativ zum Handeln gezwungen wird, oder Individuen und Massen, die zu fanatisierten »Medien« von Ideologien gemacht werden.

Dem »von selbst« zur Höchstleistung bewegten Menschen und dem von außen zur Höchstleistung bewegten Medium ist gemeinsam, daß ihre »Motorik« absolut eindeutige Aufträge empfängt. Diese sind im ersten Fall tatsächlich, beim Medium jedoch bloß scheinbar existentiell wichtig.

Im Laufe unserer Kindheit erfahren wir, wie oben dargestellt, eine sich ständig wiederholende Zu-recht-weisung unserer Wahr-nehmung. Uns wird gesagt, daß nur das *ist*, was sein *soll*, was dem Über-Ich-Objekt entspricht. Das heißt, unsere Sinne, die das Selbst über die Realität informieren, werden ausgeschaltet, und das Selbst wird dadurch quasi außer Betrieb gesetzt. Das Über-Ich, Statthalter des Über-Ich-Objekts, der über-ich-haften Mutter und ihrer Ideologie, gibt nun Order an die Motorik, die dann nicht mehr im Dienste der Selbst-befriedigung und Selbst-erhaltung eingesetzt wird noch werden soll. Das Über-Ich ist bestrebt, das jeweilige Übertragungsobjekt, dem das ursprüngliche Über-Ich-Objekt zugrunde liegt, zu befrieden und zu bewegen; damit verursacht es Leid. Die Lust auf etwas, die vom Über-Ich als Sünde und Schuld eingestuft wird, wird abgeschoben (auf den »sündigen« Körper) und ent-schuldigt. Diese »Schuld« kann vor dem Tribunal des Über-Ichs nur durch Abwälzen auf andere und die daraus sich ergebende Opferrolle »entschuldigt« werden. Der eigene Körper bzw. das Selbst wird so wie ein Fremder behandelt, zum »bösen« Dritten gemacht. Schon in der Bibel heißt es: »Der Geist ist willig; aber das Fleisch ist schwach.« Die (Fleisches-)Lust, der Körper, macht das Subjekt zum Sünder[4], der daher aus Angst sein »Fleisch« opfert und ein Dasein in der Leidensform führt. Bei zahlreichen mit Depressivität verknüpften Krankheiten ist das dominierende Über-ich nicht zu übersehen. Ihm wird das Selbst, der Sitz des selbst-erhaltenden Prinzips, geopfert. Das Opfer, ein altes Ritual, scheint dem körperlichen Geschehen »abgeguckt« zu sein: Wie die Erfahrung mit einer kleinen Verletzung die große zu meiden lehrt, wie die aktive Immunisierung mittels abgeschwächter Antigene vor größeren Schäden schützt, so glaubt der Mensch mittels eines kleinen Opfers das eigene Leben zu retten.

Zusammenfassung

Das Selbst erfährt durch das Sensorium die (innere und äußere) Wirklichkeit und versucht, sie für seine (Selbst-) Befriedigung zu nutzen. Der *Weg* zu dieser Befriedigung wird von der Wirklichkeit bestimmt. Weil das Sensorium, die Sinnlichkeit, nur das Ist zu vermitteln vermag, ist das Selbst im Auffinden der realisierbaren Wege schöpferisch. Das Über-Ich, das nur am Soll interessiert ist, weil es das Schuldig-werden, die Zukunft, den schuldbedingten Ob-

4 Welch eine Verdrehung der Terminologie im Dienste der Ideologie! Das Fleich, die lebenserhaltenden Triebe seien schwach, der Geist, jüngstes Produkt der Phylogenese, der mit der übermächtigen ideologisierten Gruppe (Mutter) kollaboriert, sei willig, d. h. gut.

jektverlust fürchtet, verleitet letztlich zur Verkennung der Wirklichkeit. Nietzsche drückt dies in einem Aphorismus folgendermaßen aus: »Das habe ich getan, sagt mein Gedächtnis, das kann ich nicht getan haben, sagt mein Stolz und bleibt unerbittlich. Endlich – gibt das Gedächtnis nach.«

In Nietzsches Aussage gibt es ein Ich, das dem Ich-selbst entspricht, das »weiß«, was es wahr-genommen hat, und ein anderes Ich, das gleichsam mit dem Über-Ich identisch bzw. von diesem bestimmt ist.

Natürlich spielen auch für den sinnlichen Menschen Erfahrungen mit der Realität in der Vergangenheit eine Rolle. Dies sind jedoch Erfahrungen mit der gleichsam nackten Realität und nicht solche, die – durch Ge- und Verbote entstellt – später zu Übertragungsinhalten werden.

M. E. ist das Kind nicht in der Lage, das Verhalten der über-ich-haften Mutter wirklich zu verstehen, weshalb auch keine Einheit zwischen beiden entstehen kann. Das Kind wird durch seine Erfahrungen mit ihr zu einem angepaßten Verhalten gezwungen, das auch die Mutter selbst nicht befriedigt. Sie fühlt gegenüber ihrer ideologiebestimmten Umwelt lediglich eine Art Stolz auf das »brave« Kind. Aufgrund dessen entsteht eine Pseudo-Beziehung zwischen beiden. In solch einer Beziehung kann sich eine Mutter ihres Kindes auch schämen, womit sie sich letztlich selbst verrät. Hat ein Kind solche Erfahrungen mit seiner Mutter gemacht, so überträgt es sie auf die Beziehungen, die es im Erwachsenenalter eingeht; sie bestimmen sein Verhalten in der dann aktuellen Gegenwart, obgleich bereits andere Ideologien, andere Über-Ich-Inhalte in seiner Umwelt Gültigkeit erlangt haben. So entstehen auf der einen Seite Konflikte mit dieser andersartigen Ideologie der Umwelt, aber auch Konflikte mit der »nackten« Realität, die das Individuum aufgrund seiner Erfahrungen nicht wahr-zunehmen wagt.

Für den über-ich-bestimmten Menschen ist es scheinbar eine »Lösung«, es gibt ihm eine Schein-Sicherheit, wenn er seinen Über-Ich-Inhalt mit dem der Umweltideologie in Einklang bringen kann. Dann wird er zum idealen Befehlsempfänger, der zu allen Taten bereit ist, auch wenn sie ihn sein Leben kosten, was dann keine Rolle mehr spielt, wenn damit gleichzeitig die Vereinigung mit dem Über-Ich-Objekt, mit der »Mutter«, erreicht werden kann. Denn sein Über-Ich, das an die Stelle seines ausgetriebenen Selbst getreten ist, ist nicht für die Erhaltung seiner selbst, sondern für die der Ideologie seiner Umwelt (bzw. der seiner Mutter) zuständig. Ein solcher Mensch ist ohne Befehle, ohne die Erwartungen, die seine Umwelt an ihn stellt, ohne Stundenplan hilflos. Ihn ängstigt die Frei-zeit.

Der Enteignung des Selbst und seinem Ersatz durch das ideologiebesetzte Über-Ich auf der individuellen Ebene entspricht auf der gesellschaftlichen ein ungeschriebenes, aber universell gültiges finalistisches Prinzip, das zum Inhalt hat, daß – wie schon oben gesagt – alles, was von selbst, selbst-verständlich entsteht, als von der jeweilig herrschenden Gruppenideologie gefordert, als Soll, erscheinen muß. Der Grund dafür, daß nur selten Menschen es wagen, sich herrschenden Ideologien entgegenzustellen oder sie auch nur in Frage zu stellen, ja daß Ideologien als solche oft gar nicht identifiziert oder durchschaut werden, scheint mir mit der Art, wie ein solches »Wissen« in der Erziehung dem Individuum eingepflanzt wird, zusammenzuhängen.

Die erwachsene, erfahrene »große« Mutter weiß, im Vergleich zum Kind, »alles«. Sie kennt die Folgen jeder Handlung, kann sagen, was getan werden muß, um etwas zu erreichen oder zu verhindern. Sie denkt und handelt bereits instrumental, zielgerichtet, während das kleine Kind ähnlich dem (erwachsenen!) Tier allenfalls ansatzweise dazu fähig ist, Werkzeuge zu gebrauchen und seine Fähigkeiten in den Dienst eines nicht aus ihm selbst kommenden Zweckes zu stellen. Ist sie eine unfunktionelle Mutter, hindert sie das Kind durch den Mißbrauch dieses Wissensvorsprungs am Tun-von-selbst.
Das Kleinkind erlebt das Tun der »großen« Eltern wie das Wirken Gottes oder des Schicksals. Im Laufe einer mehr oder weniger autoritären Erziehung wird ihm ein Wissen aufgedrängt, übergestülpt, das es noch nicht zu »begreifen«, zu »kapieren« vermag (beides sind nachweislich orale Begriffe und oral-homologe Funktionen), das es schlicht nicht versteht. Aber das Kind merkt, daß dieses Wissen meist richtig ist, daß es sich in der Zukunft geheimnisvoll erfüllt.
In der Ontogenese des Menschen, in der sich, nach E. Haeckels biogenetischem Grundgesetz, die Phylogenese gerafft wiederholt, hat auf der kindlichen Stufe die Fähigkeit des instrumentalen Denkens noch gar keinen Platz. Folglich wird das dem Kind bloß andressierte Wissen der Eltern als Soll, als Ideologie, das heißt nicht situativ frei verfügbar, sondern als Zwang und Schein-wissen, im Über-Ich (und nicht im Ich bzw. im Ich-selbst) niedergelegt. Solch ein Wissen wirkt, wie das Programm eines Computers in den Augen von Laien, magisch, mysteriös, wie eine geheimnisvolle Kraft. Es interferiert mit realen Kenntnissen, mit dem realen Bedarf, und ergänzt sie nicht,

wie ein natürlich gewachsenes Wissen es von selbst tun würde. Fehlleistungen, irrationale Auflehnung, Ungehorsam, mit Schuldgefühlen gepaart, sind die Folge. Dieses »Wissen«, in Wahrheit ein Sollen, ein Zwang, wird dem Kind andressiert und im Über-Ich verankert. Es steht in Konflikt mit *Bedürfnissen*, die – dem Stand seiner Entwicklung gemäß – das Individuum natürlicherweise zur Deckung eines aus ihm selbst kommenden Bedarfs bewegen würden. Ohne die Herrschaft des Über-Ichs gäbe es kein Schulddenken, keinen bewußten oder unbewußten »Bedarf« an Leid. Ohne Schuldgefühle gäbe es keine Möglichkeit, Individuen zu ihrer Selbstvernichtung zu bewegen, wäre es kaum vorstellbar, daß ein Mensch mit Begeisterung in kriegerisch-mörderische, seinen eigenen und den Fortbestand seiner Art bedrohende Unternehmungen zieht. Dies wird eben nur dadurch möglich, daß das Über-Ich die Stelle des im Sinne der Erhaltung des Lebens wirkenden artspezifischen Selbst eingenommen hat. Die im Über-Ich niedergelegten Ideologien heißen die Menschen, Mitmenschen mit abweichenden Über-Ich-Inhalten als art-fremd anzusehen, sie – wie Ungeziefer – im Interesse des Erhalts der eigenen Gruppe un-schädlich zu machen, also im Extremfall zu töten. Das Individuum, das durch ideologiebewegte, zwanghafte Erzieher frustrierenden Erfahrungen ausgesetzt war, lehnt sich nun nicht mehr gegen diese auf, sondern gegen Individuen mit anderen Über-Ich-Inhalten, analog den Regungen noch gesunder, selbst-bewegter Kinder gegen ihre Erzieher.

Der Mentalität der über-ich-bewegten Gruppe entspricht ein »Leben in der Leidensform«. Nur das Leid, als einziges Motiv des Handelns zugelassen, ja dazu aufgebauscht, legitimiert destruktives Handeln und Denken, das vor dem Hintergrund der gültigen Ideologie als konstruktiv erscheint. Im Natürlichen Geschehen bewegt sich der einzelne »von selbst« aus Lust, vom Atmen über die Zärtlichkeit bis hin zum Orgasmus, *libidinös-aggressiv*. Der vom Selbst bewegte Mensch sucht und findet sein Objekt, das er zu seiner Selbst-befriedigung braucht. Selbst-redend ist es ihm selbst-verständlich, daß die Selbst-befriedigung selbander verläuft (selbander bedeutet, daß ich selbst der andere, der zweite bin; das gleiche Wort im Slowakischen samodruhá bedeutet schwanger). Mit diesem Wortspiel möchte ich ausdrücken, daß mit der Selbstbefriedigung im Natürlichen Geschehen auch die des Objekts einhergeht, daß beide eine funktionale Einheit bilden. Dieser ursprünglich von Mutter und Kind gebildeten Dyade (Spitz) oder Monade (Grunberger), nachgeburtlich am innigsten zwischen der stillenden Mutter und dem saugenden Kind, entspricht bei Erwachsenen die komplementierende Beziehung zwischen gesunden Geschlechtspartnern. Ganz anders verläuft die Beziehung zweier Menschen unter dem Einfluß des Manipulativen Prinzips. Der Über-Ich-Bewegte *rechtet* und handelt in seinem »Recht« selbst-los, *libidinös-destruktiv* zur Befriedung seines Über-Ichs, der Ideologie seiner Gruppe, um sich von Schuldgefühlen zu entlasten. (Libidinös deshalb, weil dieser Vorgang zurückgeht auf die Unterdrückung der ursprünglich libidinösen Selbst-Impulse, die durch die Stauung explosiv geworden sind.)

Bewegen sich zwei Menschen selbst-bewegt aufeinander zu, entsteht eine Verbindung *von selbst*. Doch auch eine anfänglich spontane, von selbst entstandene Beziehung geht mit zunehmenden Pflicht- und Über-Ich-Anteilen entzwei. Beispiele hierfür sind etwa die zur Pflicht gewordenen sexuellen Beziehungen von Eheleuten oder, wie allen Analytikern bekannt ist, in der analytischen Beziehung sichtbar werdende Widerstände, die sich darin äußern, daß die anfangs vom Patienten mit Verve gesuchte Beziehung zum Analytiker bald Pflichtcharakter annimmt. Der Patient fühlt sich dann dazu angehalten, die Stunde – im Sinne der Übertragung – pflichtgemäß pünktlich und regelmäßig zu besuchen, und glaubt, in sich widersprüchlich, einerseits »frei«, andererseits dem Analytiker mundgerecht sprechen und berichten zu *sollen*. Jeder Analytiker weiß, welche Energie es erfordert, eine solche, von Unfruchtbarkeit bedrohte, von Widerständen gestörte Beziehung aufzulösen – ein wesentliches Bedürfnis der analytischen Arbeit.

Anders als im natürlichen Ablauf werden durch das Manipulative Prinzip die Beteiligten zu bewußten oder unbewußten Feinden. Sie fühlen sich gezwungen, nicht mehr von selbst, für sich selbst zu handeln. Ihr Gegenüber erleben sie als Beauftragten im Dienste des Über-Ichs oder als dessen Symbol, das sie daher über kurz oder lang *natürlich* loswerden und vernichten wollen.

Wie oben gesagt, ist es charakteristisch für die natürliche Einheit von Mutter und Kind, daß sich beide von selbst, von ihren Gefühlen und Bedürfnissen bewegt, aufeinander zu und voneinander weg bewegen (wie der leere Magen des Säuglings nach der vollen Brust der Mutter verlangt – und umgekehrt); ihre Bewegung ist harmonisch, wie eine Sinus-Linie, die einer aufgelösten Kreisbewegung entspricht.

In einer solchen Einheit verläuft auch die genital sexuelle, d. h. reife sexuelle Beziehung ab. Beide Subjekte bewegen sich, ihren Gefühlen entsprechend, zu ihren Objekten,

gleichsam zum Wellenberg hin, um dann, im Wellental, im »petit mort«, einem neuen Wellenberg entgegenzusehen. Sie werden nicht von Schuldgefühlen bedrängt und gehetzt, müssen nicht die »Schuld« ihres Tuns von sich abschieben, um so als Opfer erscheinen zu können und ihr Über-Ich zu befrieden. Ein solches für das Manipulative Prinzip bezeichnende Schuldschieben kann nur mit der »Endlösung«, dem »grand mort«, sein Ende finden.
Die Substitution des artspezifischen Selbst, des Kerns des Selbst-Erhaltungsprinzips, durch das Über-Ich, das, mit unterschiedlichen Inhalten ausgestattet, im Dienste von Ideologien steht, führt also zur Selbst-Zerstörung; intrapersonell von der Neurose, über psychosomatische Erkrankungen bis zur Psychose bzw. Somatopsychose, interpersonell bis zum Krieg. Nicht zufällig hieß es deshalb nach der Erfahrung des letzten Krieges »Macht Liebe, nicht Krieg! Make love not war!«

Gesundheit = Ganzheit

und wie diese Ganzheit entsteht

Meine Überlegungen, die ich im Zusammenhang mit der folgenden Falldarstellung anstelle, betreffen Fragen der psychoanalytischen Psychosomatik. Es geht um körperliche Symptome, die mit sehr frühen Interaktionen zwischen Mutter und Kind und mit der Besetzung des Körpers zusammenhängen.

Gesundheit setzt die Integriertheit der psychischen Repräsentanzen des ganzen Körpers voraus – Repräsentanzen, die entstanden sind durch Erfahrungen mit der jeweiligen Körperstelle. Solche Erfahrungen können lust- oder leidvoll sein, natur-, realitätsgerecht oder konfliktbeladen. Jeder Stelle des Körpers entspricht eine Gefühlserfahrung, die u. U. zu einer besonderen libidinösen Besetzung führt und die im wesentlichen durch die Mutter vermittelt worden ist. Dem libidinösen Umgang der Mutter mit dem Körper des Kindes entspricht im Tierreich das instinktive Belecken der ganzen Körperoberfläche des Jungtieres; diese Sorgfalt – ein Bedürfnis(!) – ist nicht nur auf die Körper*ober*fläche beschränkt, sondern erreicht in Gestalt der mütterlichen Milch auch das Innere des Jungen.

Unterbleibt ein solches Belecken, fällt oft auch die Funktionstüchtigkeit des betroffenen Organs aus, und das Tier geht zugrunde, wie es Montagu in seinem Buch »Körperkontakt« eindrucksvoll beschreibt. Kommt es zu einer entsprechenden Erfahrung beim Menschenkind, *»fehlt«*

diesem später etwas; der Arzt oder Therapeut soll dann das quasi nicht beleckte, nicht integrierte oder fremd erscheinende Organ, das wehtut, be-handeln. Der Betroffene bittet um eine Be-handlung – ein Homolog des heilenden Beleckens beim Tier.

Der Psychoanalytiker, der die Notwendigkeit erkennt, alle den Patienten beunruhigenden Momente, alle ursprünglich »unbeleckten«, daher gleichsam zu einem weißen Fleck gewordenen, verdrängten Körperregionen anzusprechen und zu benennen, quasi in den Mund zu nehmen, verhilft dem Analysanden, bei idealem Verlauf der Behandlung, zur lückenlosen Integration des Körpers, zu dessen lückenloser Repräsentanz. Das behandelte Organ wird in den Organismus integriert und steht dem Individuum dann wieder ungestört zur Verfügung.

Zur Einsicht, daß Gesundheit = Ganzheit ist, verhalf mir ein Patient auf eine für mich eindrucksvolle Weise. Mir wurde klar, daß die Sprache, die in vielen Sprachen Zunge, Lingua genannt wird, diese Gleichsetzung ganz selbstverständlich ausdrückt. Warum ich betone, daß Sprache auch Zunge genannt wird, wird aus dem weiter unten Ausgeführten verständlich werden.

Besagter Patient, Herr U., ist Soziologe, etwa 30 Jahre alt, ein Mann von sehr gewinnendem Äußern und Auftreten, der die Aufmerksamkeit von Frauen erregt. Er wirkt entschieden nicht »soldatisch«, doch glaubt er, sich so verhalten zu sollen – soldatisch im Sinne von Leistung, Disziplin, Selbst-beschränkung. Dieser Zwang, den auch der Patient als solchen empfindet, dient ihm offenbar dazu, sich vor Schuldgefühlen zu schützen, die entstehen könnten, wenn er sich nicht wie ein Befehlsempfänger, sondern als Subjekt verhielte.

Der Sitzung, in der diese Einsicht zustandekam, gingen zwei gleichsam vorbereitende Stunden voraus.
In der ersten der insgesamt drei Sitzungen, über die ich hier berichten werde, erzählte mir der Patient, er habe drei Tage krank im Bett gelegen; dabei sei er zum erstenmal seit langer Zeit von niemandem verwöhnt worden. Seine Freundin, die ich kenne und die ein reizendes offenes Wesen hat, was Herr U. auch selbst so beschreibt, könne ihn sonst sehr gut verwöhnen, er aber habe sie weggeschickt und seine Beschwerden geringer, als sie tatsächlich waren, dargestellt. Hätte er das nicht getan, wäre sie auch diesmal bei ihm geblieben. Damit drückte der Patient meiner Meinung nach aus, daß Krankheit eine Trennung zu verhindern und das Objekt zu halten vermag.
In der zweiten der drei Stunden erzählte Herr U. mir, er befürchte, seine Freundin würde sich von ihm zurückziehen, sich von ihm entfernen. Darüber war er offensichtlich verängstigt, was in mir Trauer- und Mitgefühle auslöste. Seiner Freundin jedoch konnte er sein Bangen nicht mitteilen (ich sagte: »als ob Sie ganz hilflos wären«). Wir besprachen daraufhin – zum wiederholten Mal – seine Hemmung, zärtliche Gefühle auszudrücken, seine Angst, in eine Art Leib-eigenen-Abhängigkeit von der geliebten Person zu geraten, d. h. in eine Abhängigkeit, in der sich das Individuum nicht mehr im Sinne seiner Bedürfnisse, im Sinne seines Leibes bewegt, sondern im Sinne der Bedürfnisse der geliebten Person.
Herr U. hatte Angst, aufgrund seiner intensiven Gefühle der geliebten Person zu »verfallen«, das heißt zum Hörigen, zum Befehlsempfänger und -ausführer zu werden. In unserer gemeinsamen Sprache bezeichneten wir seine Angst als Venusfliegenfallenkomplex.

In dieser Sitzung fiel uns außerdem ein, daß er durch bestimmte, häufiger wiederholte Bemerkungen und Fragen seine Unabhängigkeit hatte demonstrieren wollen: »Frechheiten« – wie wir sie in unserer Intimsprache nannten –, die durchaus nicht bösartig gemeint waren, sondern den Wunsch nach Autonomie und Partnerschaft verrieten.

Anschließend erzählte Herr U., er glaube, als Kind habe er unausgesprochene Wünsche seiner Mutter erfüllt und dabei seine eigenen zurückgestellt. Es erschien ihm plausibel, daß er deswegen fürchte, alle Liebesbeziehungen im weiteren Leben könnten nach diesem Muster verlaufen, und sich nun gegen Gefühle panzere, weil er hoffe, so seine »Autonomie«, die jedoch nur eine Schein-Autonomie war, zu bewahren.

Am Ende dieser Stunde erzählte er schließlich, seine Freundin habe ihm gesagt, sie werde am nächsten Tag, wenn er von der Arbeit komme, nicht zu Hause sein. Er erzählte dies so, daß sich mir sofort die Frage aufdrängte, wo sie sein werde. Er jedoch hatte nicht gefragt. Als ich ihn auf diese für mich auffällige Unterlassung hinwies (und sagte: »ich habe das Gefühl, Sie sagen das so, als ob Sie mich fragen wollten, wie *ich* mich in solch einer Situation verhalten würde«), meinte er, jetzt komme *ihm* die Frage auch in den Sinn, und er wundere sich, *nicht* gefragt zu haben.

Der Patient drückte in dieser zweiten Sitzung wiederum seine Angst vor Trennung aus. Darüber hinaus zeigte er aber, daß ihn auch der Verzicht auf seine Autonomie als Preis für eine falsche Einheit mit dem Pseudo-Objekt, mit der Venusfliegenfalle schreckte. Dieser Autonomiekomplex des Patienten manifestiert sich auf drei Ebenen: in der aktuellen Beziehung zu seiner Freundin, in der therapeutischen Übertragungsbeziehung zu seinem Analytiker und in der historischen Beziehung zu seiner Mutter. Wir können jetzt übrigens auch verstehen, warum der Patient seine Krankheit, über die er in der vorigen Stunde berichtete, dissimuliert hat: Krankheit bedeutet notgedrungen auch einen gewissen Verlust an Autonomie.

Der Patient hat also in der zweiten Stunde gegenüber den Trennungsängsten die Möglichkeit der Einheit nach Art der Venusfliegenfalle erwogen. Am Ende dieser Stunde entdeckte der Patient unter dem Schutz der Analyse die Möglichkeit, seinem – nun echten – Objekt als Subjekt zu begegnen, er fühlte Neugier und wunderte sich, nicht seinem Interesse entsprechend gefragt zu haben, aktiv geworden zu sein. Er fragte quasi, ob er auch weiterhin nur in der Leidens- und nicht in der Tätigkeitsform leben dürfe.

Diese Frage beantwortete er in der letzten Stunde. Er sagte, er habe seiner Freundin, die sich gerade im Ausland aufhielt, eine Ansichtskarte geschickt. Auf der Karte war ein mächtiges rotes Radieschen unterhalb der Erdoberfläche abgebildet, das nur wenige unscheinbare grüne Blätter über der Erde hatte. Meiner Ansicht nach symbolisierte dieses rote Radieschen seine verborgen gehaltenen Gefühle. Das Auffinden dieser einfallsreichen Ausdrucksmöglichkeit spricht meines Erachtens für die besondere Begabung, die starke kreative Potenz dieses Patienten.

Beim Schreiben dieser Ansichtskarte habe er, der sich ja gedrängt fühle, sich »soldatisch« zu gebärden, Tränen in den Augen gehabt. Ich hatte das Gefühl, er habe sich, wegen seiner Hemmungen, gefühlsbewegt zu handeln, mit Recht leid getan (und sagte: »als ob Sie nach der

Berechtigung ihres Leidgefühls wegen dieser Selbsteinschränkungen fragen würden«).
Daraufhin sagte Herr U., ein mit psychoanalytischer Theorie gut beschlagener Soziologe, er habe das Buch »Phallos« gelesen und meine, die Phallizität beginne gleich nach der Geburt, die Phallizität, die die Vollkommenheit (das »Groß-sein«) postuliere. In der psychoanalytischen Phasenaufteilung bedeutet phallisch die höchste Stufe (nach oral und anal). Der Patient war als das älteste von mehreren Kindern mit einem Altersunterschied von höchstens anderthalb Jahren bereits in frühem Alter in die Rolle des »Großen« gezwungen worden. Und er bemerkte unvermittelt, er habe gehört, ungarisch hieße Gesundheit nicht Gesundheit. Ich überlegte und bestätigte ihm, daß Gesundheit im Ungarischen durch das Wort Ganzheit (egészség) ausgedrückt wird. Nach einer Pause von wenigen Sekunden sprachen wir darüber, daß es üblich ist, das Kind gleich nach seiner Geburt von der Mutter zu trennen; von der Mutter, die es natürlicherweise er-gänzt, das heißt ganz, vollkommen, potent macht, komplementiert. Durch die Nicht-Ganzheit, Unvollkommenheit werde es dann wirklich »impotent«, ohn-mächtig, dem Kind »fehle« etwas.
Herr U. berichtete also in dieser letzten Stunde über eine m. E. sehr gelungene, kreative Leistung (die Ansichtskarte mit dem roten Radieschen unter und den grünen Blättern über der Erdoberfläche), mit deren Hilfe er seine verborgenen Gefühle rührend zu vermitteln vermochte. Seine Gefühle bewegten ihn zur Tat (interessant ist, daß der Patient sich der Bedeutung der Ansichtskarte erst nach dieser Stunde bewußt wurde). Abstrakt ausgedrückt, können wir sagen, die Sensorik des Patienten setzte die ihr entsprechende Motorik in Bewegung; wir können hoffen,

daß dies ein Zeichen der beginnenden Autonomie, des selb-ständigen Handelns, des Patienten ist.

Der Patient zeigte in dieser Stunde außerdem, daß Gesundheit, Ziel jedes Heilverfahrens, nur in der Ganzheit, in der Einheit mit dem Selbst-Objekt (der komplementierenden Mutter) möglich ist, später in der Einheit mit dem eigenen Körper, der alle Fertigkeiten des ursprünglichen Selbst-Objekts erworben hat; d. h., daß die frühe erfolgreich hergestellte bzw. durch die Geburt nicht traumatisch abgebrochene Einheit mit dem Selbst-Objekt zur Einheit mit dem Körper führt.

Den Mechanismus der Enteignung des Selbst, das Dasein quasi in der Venusfliegenfalle, beschrieb mir ein anderer Patient mit folgenden Worten: »Ich lebe nicht von meinen Gefühlen, von meinem Körper bewegt; für mich gelten nur Ver- und Gebote; da heißt es ›Du sollst oder sollst nicht lieben, Du sollst oder sollst nicht begehren‹, ich bin eine Marionette, die an Fäden aus Schuldgefühlen hängt.« Ich füge hinzu: und die vom Über-Ich bewegt wird, welches sich letztlich immer destruktiv auswirkt.

Abstrakt ausgedrückt: bei gewissen neurotischen Persönlichkeiten ist in einer emotionalen Beziehung die Verbindung zwischen Sensorik und Motorik unterbrochen; statt dessen tritt eine Fremdsteuerung ein, eine Verknüpfung zwischen dem Schein-Objekt und der Motorik des Individuums unter Ausschaltung seiner Sensorik; es kommt also zu einer senso-motorischen Dissoziation, die vergleichbar ist mit dem Rapport in der Hypnose, den Bewegungen eines blinden Skiläufers oder Reiters. So kommt es zum selbst-losen Handeln, zu einer Art Reaktionsbildung.

Noch unter dem Eindruck, den mir das Erkennen dieser Zusammenhänge in der Sitzung mit Herrn U. hinterlassen hat, begann ich eine Stunde mit einem andern Patienten. Herr H. ist Psychologe, auch er litt unter seiner labilen Autonomie. Seine Frau stand kurz vor ihrer Entbindung. Er berichtete über eine plötzlich aufgetretene Kolik, die er in der Nacht gehabt hatte. Die gestörte Funktion eines Organs – meinte er – sei kränkend. Er fühle sich dadurch nicht ganz, wie ein Kind ohne Mutter; R. Spitz habe ja von einer komplementierenden Mutter gesprochen. Ohne Mutter »fehle« dem Kind etwas, es brauche die (funktionelle) Mutter, andernfalls sei es wie ein Kranker, der eines seiner Glieder nicht bewegen könne. Und der Patient fragte mich, ob ich ihn verstehen könne. Ich: ob er denn nicht das Gefühl habe, mich bewegen zu können? Wir einigten uns im weiteren Gespräch, daß in der analytischen Situation Analysand wie Analytiker wünschen, eine Einheit zu bilden, Partner zu werden. Mir fiel ein, daß man im Slowakischen von Schwangerschaft als einem Zustand spricht, in dem man »selbst zu zweit« ist (samodruhá).[1] Er überlegte und sagte dann, ein verständnisloser, unempathischer Analytiker wirke wie eine unfunktionelle Mutter, die – instinktlos – dem Ruf ihres Kindes nicht folge.

Einige Tage später wurde eine Patientin in der Beschreibung des Unterschieds zwischen echter Symbiose, wie sie in der Natur selbstverständlich ist, und der Venusfliegenfallenexistenz noch konkreter. Sie sprach von ihrer Beziehung zu einem Freund, von dem sie sich vor etwa anderthalb Jahren getrennt hatte. Das war nach etwa zweijähriger Analyse geschehen. Ursprünglich hatte sie diese

1 Der veraltete deutsche Ausdruck dafür, »selbander«. Fr. Kluge, im Ethymologischen Wörterbuch: »selbander Pron. ›derart, daß ich selbst der andere, der zweite bin; zu zweit‹« (vgl. auch in diesem Band, S. 15 und 112).

→ siehe auch
Anna Selbdritt
+ Maria + Jesusknabe

Freundschaft als »einmalig« und auch sonst in Superlativen gepriesen. Es war eine Liebe, ohne die sie glaubte, nicht leben zu können. Sie empfinde – so sagte sie – diese Beziehung heute als widerlich, ihr werde beim Gedanken daran schlecht. Sie und ihr Freund hätten aneinander geklebt, er habe ihr gleichsam »Körperteile ersetzt«, »wie jemandem, der querschnittsgelähmt ist, als ob ein amputiertes Bein ersetzt wird«. Das waren die Worte der Patientin. Sie fuhr fort: wegen dieser Abhängigkeit habe sie sich »wie ein Chamäleon an ihn anpassen müssen«. Dies sei »eine destruktive Beziehung« gewesen, sie habe sich »wirklich wie amputiert« gefühlt. Und sie setzte hinzu: Eine Mutter ergänze natürlicherweise das Kind mit seinen Unzulänglichkeiten, bei Erwachsenen sei eine solche Beziehung jedoch pathologisch und destruktiv, denn damit verbunden sei eben eine Art Amputation, eine Unfähigkeit zu handeln, und zusätzlich noch die Pflicht des Quasi-Amputierten zur Dankbarkeit für die Dienste, die ihm geleistet werden.

Kindlich, hilflos, schwach und krank sind Begriffe, die oft synonym gebraucht werden. Der Kranke ähnelt in seiner Hilflosigkeit und Schwäche dem Kind, er bedarf gleichsam mütterlicher Hilfe, denn bei ihm ist die Einheit von Sensorium und Motorik – im weiteren Sinne des Wortes – gestört; in der Krankheit kann das Individuum sein Interesse nicht wahr-nehmen, nicht seinem Bedarf entsprechend reagieren, nicht von selbst für sich selbst handeln. Der Kranke demonstriert durch seine Krankheit gewissermaßen agierend, daß ihm etwas fehlt, daß er – wie es die tschechische Sprache ausdrückt – nemocny, d. h., nicht mächtig, ohn-mächtig ist, daß er wie ein Kind ohne die komplementierende Mutter nicht ganz, nicht heil ist.

Der Zusammenhang zwischen Gesundheit und Ganzheit ist durchaus nicht nur in der ungarischen Sprache vorhanden; auch die deutsche Sprache verkündet ihn. Ganz bedeutet schon althochdeutsch heil, unverletzt. Dem Kaputten fehlt etwas, es muß ganz oder heil gemacht werden.

In den Sitzungen mit den beiden letztgenannten Patienten bestätigte sich der mit dem Patienten U. erkannte Zusammenhang zwischen Gesundheit und Ganzheit und seine Bedeutung für die Übertragung in der Therapie: die psychoanalytische Beziehung ist dann gesund, ganz, wenn die beiden Beteiligten einander ergänzen, komplementieren, eins zu zweit sind, einander wie ein Selbst dem anderen gegenüberstehen, wenn beide gleichzeitig Subjekt und Objekt, also Partner sind, wenn jeder seine eigenen Grenzen hat, keine falschen, ideologisch übergestülpten Schein-Grenzen.

Die Erfahrungen mit unbeleckten Tieren, die Montagu beschrieben hat, regten mich zu der Überlegung an, daß das somatische Entgegenkommen bei gewissen Erkrankungen u. a. durch die unzureichende Beachtung von Körperstellen durch die Mutter in der ersten Lebenszeit des Kindes bedingt sein könnte. Dem Kind wird durch eine solche Nichtbeachtung bestimmter Körperregionen und ihrer Organe, durch das Fehlen einer komplementären Mutter, gewissermaßen nahegelegt, diese Organe nicht zu beachten, nicht wahr-zunehmen. Als Folge der Abwesenheit einer beleckenden Mutter wird dann ein Reiz, eine Empfindung nicht wahr-genommen, d. h. es erfolgt keine angemessene motorische Reaktion. Dieses Nichtwahrnehmen eines Interesses stellt m. E. die physiologische Grundlage der senso-motorischen Dissoziation dar.

In dem nun folgenden letzten Abschnitt möchte ich den

therapeutischen Aspekt des hier dargestellten Zusammenhanges zwischen Gesundheit und Ganzheit behandeln: Heilen heißt gesund machen und steht dem Zeitwort behandeln in seiner Bedeutung recht nahe, wir heilen oder behandeln eine Krankheit, geheilt wird man durch eine Be-handlung usf. Die Hände dienen letztlich dem Mund, sind quasi dessen Organe. Was beim Tier »beleckt« wird, was dort heilsam und ganzmachend wirkt, leistet der Mensch durch Be-handlung.

Wie ich schon eingangs gesagt habe, entwickeln sich oft beim Tierjungen die vom Muttertier unbeleckten Körperteile nicht zu funktionstüchtigen Organen, es kommt zu Funktionsausfällen. Bekanntlich gehen etwa unbeleckte Laborratten zugrunde. Solche junge Ratten, die von Menschen mit nassen Wattebäuschchen »beleckt« oder behandelt werden, bleiben gesund.

Im übertragenen Sinne bedeutet unbeleckt, von etwas unberührt sein, etwas nicht erfahren haben. Der Duden (Stilwörterbuch) schreibt: »... der Hund beleckt seine verletzte Pfote, ... dieser Ort, dieser Mensch, dieses Volk ist fast gar nicht von der Kultur beleckt ...«, d.h. diese Menschen haben keine Kultur, ihnen fehlt etwas.

Daß das Kleinkind »einfach süß ist, daher sein ganzer Körper geküßt und beleckt wird«, findet eine Patientin ganz selbstverständlich, doch räumt sie ein, daß manche Körperteile »stiefmütterlich« behandelt, nicht beleckt werden. Solch ein Stiefkind ist sicherlich der Unterleib. Schon dem Kleinstkind werden Höschen angezogen; so hört diese verhüllte und verborgene, vom Tier besonders beachtete Körperregion auch be-grifflich zu existieren auf, sie wird nicht be-griffen, geschweige in den Mund genommen. Die Organe dieser Region und ihre Bezeichnungen sind tabu, dürfen nicht berührt werden, existieren daher in der »anständigen« Umgangssprache nicht. Es gibt im Alltag keine anständigen Ausdrücke für die Unterleibsorgane und ihre Funktionen. Unsere Bezeichnungen sind der Wissenschaft entliehen, wir gebrauchen Fremdwörter.

Wir fassen diese mit Fremdwörtern benannten Körperteile, bildlich gesprochen, mit Gummihandschuhen oder mit dem Pinzettengriff, zwischen Daumen und Zeigefinger, an. Entsprechend klafft hier in der Körperrepräsentanz eine Lücke, ein Loch, eine leere Stelle, die darauf hindeutet, daß etwas vom Über-Ich in der Verdrängung gehalten wird, was dann den Herd einer Krankheit, Unganzheit, eines Un-heils, ausmacht. Es ist die Leere, der wir in jeder Analyse dort begegnen, wo der Patient sich dem Kommando des Über-Ichs zu verweigern beginnt, das Selbst als Impulsgeber, Beweggrund jedoch noch nicht zuzulassen wagt. Der Analytiker wird so Zeuge eines Interregnums.

Der geschilderte Umgang mit gewissen Körperregionen und ihren Funktionen, ihr Nichtbeachten, Nichtberühren, Nicht-be-greifen, hat aber nicht nur zur Folge, daß in der Alltagssprache kein eindeutiger Be-griff dafür existiert, sondern es entstehen verwirrend viele »unanständige«, derbe oder umschreibende Ausdrücke: denn wo Geheimnis wirkt, wuchert die Phantasie. Ein Umstand, der auf die Wichtigkeit einer auch emotional deutlichen, echten Sprache in der Analyse hinweist.

Es ist bekannt, daß das Geschlechtsteil in jedem Kinderzimmer anders genannt wird; das männliche Glied hat so viele Namen, daß diese mehr als vier Spalten in Bornemans Sammlung »Sex im Volksmund« einnehmen, die Bezeichnungen für den After füllen fast eine ganze Spalte, die für die Scheide dreieinhalb, die für den Busen, den sinnlich wahrzunehmen, zu begreifen und zu sehen uns verboten ist, füllen fast zwei Spalten. Im Gegensatz dazu gibt es nur ein Wort für das sprichwörtlich so wichtige Auge (aber eine ganze Reihe von Ausdrücken für die biologisch wenig wichtigen Schamhaare). Niemand windet sich bei der Suche nach einem anständigen Ausdruck für Auge, niemand spricht von *oculus.* Wir sollten daher überlegen, was es bedeutet, wenn ein Analytiker mit seinem Patienten vom Penis spricht.

Der hier behandelte Mechanismus bezieht sich nicht nur auf die Körperteile, die dem sinnlichen Zugriff versagt bleiben sollen und daher bedeutungsvoll verborgen gehalten werden, sondern auf alle Körperregionen, die nicht ungestört besetzt werden dürfen. Als Beispiel nenne ich den von Heuschnupfen betroffenen Menschen, der auf die Blütezeit der Natur wie auf eine Noxe (Schadstoff) reagiert. Seine Reaktion ist sensomotorisch dissoziiert, quasi selbst-los. M. E.ist es sein Über-Ich, das ihn die aktuelle Realität, die keimende Natur, die lebensspendenden Pollen nicht libidinös, naturgerecht erleben läßt, sondern die Natur aus historischen Gründen als Gefahr wertet, wodurch es zu einer lebensfeindlichen Reaktion kommt.

Aufgrund meiner Erfahrungen kam ich zu der Auffassung, daß die Patienten, die einen – wie ich es vorher nannte – stiefmütterlichen Umgang mit gewissen Körperteilen erfahren haben, in ihrer Körperrepräsentanz Schwachstellen oder Lücken aufweisen. Diese Patienten klagen über ein fremdes, nicht integriertes Organ, das ihnen weh-tut, dem etwas fehlt. Es fällt ihnen nicht schwer, diese Körperteile distanziert dem somatischen Arzt zur Behandlung vorzulegen; viel größere Schwierigkeiten haben sie, das, was ihnen fehlt (d. h. Fehler begeht), dem Psychotherapeuten vorzustellen. Eine Patientin meinte: »Der Kranke begibt sich eher unter das gesellschaftlich anerkannte Messer, als sich der Gefahr auszusetzen, von einer bösen Zunge zurückgewiesen, gekränkt zu werden.« Und ich füge hinzu: »und nicht beleckt zu werden«.

Der Psychoanalytiker ist überzeugt, daß alles, was gesund, ganz werden soll, ausgesprochen, in Worte gefaßt, d. h. in den Mund genommen werden muß. Der Patient jedoch fürchtet, entsprechend seinen Kindheitserfahrungen, eine verbale Wertung bzw. Entwertung könnte ihn treffen. Der somatisch orientierte Arzt spricht diese Dinge – wie man es mit Unarten nun einmal tut – oft nicht an. Er delegiert das Wiedergutmachen des Mangels an mütterlicher Funktion, gleichsam das Belecken bzw. den Fluß der warmen Milch, an Tabletten, er selbst »nimmt nichts in den Mund«, meinte ein Patient. Die Patienten scheinen übrigens häufig zu ahnen, woran es ihnen mangelt, so äußerte etwa ein Heuschnupfenpatient: »Der normale Schnupfen ist etwas Akutes, da fehlt mir was im Augenblick, der Heuschnupfen ist etwas Tieferes, da hat mir schon als Kind was gefehlt.«

Was dem Kind an – nennen wir's – oraler Zuwendung fehlte (übrigens belecken gewisse, von der Kultur »unbeleckte« Eskimos ihre Neugeborenen), ein Umstand, der dem Nichtbelecken bei Tieren entspricht, versucht der Psychotherapeut verbal-oral beim inzwischen zum erwachsenen Patienten gewordenen Kind zu heilen, ganz zu machen. Dies ist ein wesentliches Moment des psychoanalytischen Geschehens, in dessen Verlauf der Behandelnde zum Beginn, dem oralen, primär integrierenden Belecken, doch diesmal auf höchster, d. h. verbal-oraler Ebene zurückkommt. Diese Entwicklung entspricht der dialektischen Spirale bzw. Schraube von Entwicklungsabläufen, in der wir auf einer höheren Ebene zum Ausgangspunkt zurückkommen. Auf diese Weise versucht der Mensch, der sich seiner Krankheit bewußt geworden ist und von seinem instinktiven Bedürfnis nach Ganzheit bewegt wird, die Integration aller seiner Organe, seines ganzen Körpers zu verwirklichen.

Das Setting in der psychoanalytischen Behandlung

Ich gehe davon aus, daß die Psychoanalytiker sich in der folgenden Zielsetzung der psychoanalytischen Behandlung einig sind: der Patient soll nach erfolgreicher Therapie seine Interessen besser wahren, wahr-nehmen können; er soll in die Lage versetzt werden, *seine* innere und äußere *Realität*, das heißt seinen Bedarf und die Möglichkeiten zu dessen Befriedigung in der Umwelt nicht nur diffus zu empfinden, sondern wahr-zu-nehmen.

Dieses Ziel setzt die Rehabilitierung seiner Sinnlichkeit voraus, denn ihr soll der Patient vertrauen können. Das Selbst ist meiner Ansicht nach die Schaltstelle zwischen der Sinnlichkeit, d. h. der Funktion des Sensoriums, und der Motorik. Es repräsentiert die Summe aller Motive, die sich im Laufe der Entwicklungsgeschichte im Hinblick auf die (Selbst-)Erhaltung des Lebens bewährt haben. Infolgedessen scheint mir die Auffassung berechtigt zu sein, das Ziel der Therapie sei die Wiederzulassung des vom Über-Ich verdrängten Selbst und damit dessen Weiterentwicklung zum *Ich-selbst*. Der Patient soll die Fähigkeit, sinnlich zu sein und sinnlich zu handeln, zurückerlangen, um nicht mehr vom Über-Ich bzw. von dessen Idealen bestimmt, sondern »von selbst« zu leben. Während der Behandlung versöhnt sich der Analysand mit seinem vom Über-Ich für gefährlich erklärten Selbst; die partnerschaftliche analytische Beziehung widerlegt, daß vom Selbst motivierte Verhaltensweisen notwendig schmerzhafte Erfahrungen nach sich ziehen; das analytische Paargespräch demonstriert, daß das Selbst keine aktuelle Bedrohung der Existenz, sondern ihr bester Verbündeter ist.

Doch wenn diese Korrektiven im Gespräch erlebt werden sollen, muß zuerst die Sinnlichkeit bei einem der Beteiligten selbst-verständlich oder selbst-verständlicher sein; ohne sie ist das Selbst wie ein Ottomotor ohne zündenden Funken. Doch gerade die selbst-verständliche Sinnlichkeit in einem Paargespräch, in einer Partnerbeziehung, ist nicht möglich, wenn das Verhalten der am therapeutischen Geschehen Beteiligten, genau wie in der traumatisierenden Kindheit, von außen, von einem zur Ideologie gewordenen »Setting«, bestimmt wird. *Setting* wie Abstinenz dienten, so heißt es, dem Schutz beider Beteiligten. Dem Schutz wovor, frage ich? Gemeint ist der Schutz vor Gefühlsregungen und dem ihnen entsprechenden Tun. Als ob die *Realität* beiden Partnern nicht genügte, um ihr Handeln zum eigenen Wohl zu gestalten.

Das Setting in der psychoanalytischen Behandlung, das den Beteiligten Schutz bieten soll, ist m. E. als solcher so wenig wirksam wie ein mit Alarmvorrichtungen, Panzerglasfenstern u. ä. Einrichtungen versehenes Haus gegen die phantasierten Angstgestalten der Nacht des Neurotikers. Im Gegenteil, jede Schutzmaßnahme festigt den Verdacht einer realen Gefahr, läßt die Gefahr erst real erscheinen.

»Setting« ist ein statischer Begriff, deutsch bedeutet er »Fest-, Hartwerden, Gerinnung«, das heißt in unserem Fall, daß das Gespräch – einem Edelstein gleich – in das Setting »eingefaßt« stattfindet. Diese Einfassung entspricht der Situation *des* Kindes, das weder angefaßt wird noch anfassen darf, dem der Umgang mit der Wirklichkeit nicht gestattet ist, weshalb seine Sinnlichkeit zu großen Teilen überflüssig wird; diese Einschränkung führt, medizinisch ausgedrückt, zur Atrophie der Sinne ex inactivitate (zum Verkümmern aus Untätigkeit). Das therapeutische Setting verhindert, wie die manipulierenden Gespräche mit Kindern, das Entstehen einer autonomen, sinnlichen Persönlichkeit; es ist, wie das Milieu eines Kindes, von Idealen, Ideologien und Normen geprägt und vorgegeben.

Daher nimmt es nicht Wunder, daß Therapeuten mit diesem Begriff häufig wie mit einem Dogma umgehen, ihn nicht in Frage stellen, nicht dem sinnlichen Erfassen aussetzen und sich damit selbst dem dialektischen Geschehen entziehen. Das »Setting« wird nur selten als psychoanalytisches Instrument *situativ* gebraucht, meist gilt es als Gebot und wird als Ritual gehandhabt, sein Nicht-Einhalten wie ein Vergehen gefürchtet.

Wenn der Patient als Subjekt in einen Dialog eintreten, das heißt, sich als fühlendes Wesen bewegen soll, muß er einem Subjekt, das zu fühlen wagt, gegenüberstehen. Der Analytiker darf daher nicht, wie die Eltern des Patienten, gottähnlich und unsinnlich auftreten, nicht wie jemand, dessen Menschlichkeit nicht erfragt werden darf, dem es peinlich ist, menschlich zu sein.

Ausgehend von meiner Definition des Selbst und des Ziels der psychoanalytischen Behandlung, der Wiedereinsetzung des Selbst, könnte man sagen, daß die beiden Gesprächspartner unbedingt einen Schutzraum, jedoch keine Einfassung brauchen. Sie benötigen einen Raum, in dem sie die Realität ohne Einschränkungen hier und jetzt empfinden und wahrnehmen dürfen. Das bedeutet, daß sie im Idealfall von keinem Ge- oder Verbot in ihrer Wahrnehmung behindert werden und ihre Sinnlichkeit ungestört gebrauchen können. Ungestört, das heißt, ob sie nun, der Situation, ihrem Vorhaben, entsprechend, sitzen, liegen oder gar spazierengehen. Entscheidend bleibt *ihre* innere *und* äußere Wirklichkeit. Solch eine Freiheit der Wahrnehmung wird jedoch durch den starren Rahmen des Settings verhindert. Die Motivation des Patienten, eine Analyse zu machen, und die Beschaffenheit der analytischen Situation bieten dem Patienten den Schutz, der ihm die Versöhnung mit seinem Selbst ermöglicht; die analytische Situation, nicht das Setting ermöglicht ihm die Erfahrung, die seine Übertragungserwartungen widerlegt; das heißt, es ist nötig, daß die Gesprächspartner, ihren Möglichkeiten entsprechend, »von selbst« das Motiv, das Selbst, als ihren besten Verbündeten erleben.

Welcher Anteil der Persönlichkeit des Patienten macht nun diese Erfahrungen mit dem Selbst? Gehen wir davon aus, daß die befruchtete Eizelle, die mit phylogenetisch entwickelten Verhaltensweisen und -möglichkeiten ausgerüstet ist, einen gewissen – relativ sicherlich geringen – Verhaltensspielraum, eine geringe Anpassungsfreiheit hat. Relativ, weil im Vergleich zum postnatalen Leben das Verhalten des Fetus und des Embryo genetisch weitestgehend festgelegt ist.

Aufgrund dieser Überlegungen dürfen wir wohl – der Einfachheit halber – den Augenblick der Geburt als Nullpunkt bezeichnen. An diesem Punkt tut das Neugeborene von Natur aus noch alles »von selbst«, instinktiv, genetisch vorgezeichnet. Sein Selbst ist ein noch fast reines Selbst. Von da an kann es zwei Wege einschlagen. Entweder entwickelt es sich zum *Ich-Selbst*, das heißt, es gelingt ihm, realitätsorientiert seine Selbst-befriedigung zu verfolgen, oder aus ihm wird ein *selbst-loses Ich*, motiviert von den Ideologien der jeweiligen Gruppe, in die das Kind hineingeboren wird.

Jean Liedloff schreibt über die Entwicklung zum Ich-Selbst: »Hier bedeutet ›richtig‹ das, was dem altüberlieferten Kontinuum unserer Gattung entspricht, insofern es den Neigungen und Erwartungen angemessen ist, mit denen wir uns entwickelt haben. Erwartung in diesem Sinne ist so tief im Menschen verwurzelt wie seine Struktur selbst. Seine Lungen haben nicht nur, sondern sie *sind* die Erwartung von Luft; seine Augen sind die Erwartung von Lichtstrahlen ...«

Rein phänomenologisch können die beiden Schicksalswege zum gleichen Ergebnis führen; so kann die Verbindung einer Frau mit einem Mann aus Staatsraison ebenso wie aus Liebe der beiden zueinander zustandekommen. Die eine Verbindung ist jedoch von der Ideologie der Umwelt und des Über-Ichs diktiert, die andere vom mehr oder weniger erhaltenen Selbst. Wenn ein Säugling, um seinen Bedarf zu äußern, »von selbst« schreit, die Mutter jedoch nicht erreicht, nicht zu bewegen vermag, wenn, metapsychologisch ausgedrückt, sein Selbst kein Objekt erfährt, kommt es zu einer »Korrektur« der Reaktion des Selbst auf die Bedarfs-»Meldungen«: das Kind hört auf zu schreien, es verhält sich »von selbst« ökonomisch, verschwendet keine Energie. Oder anders ausgedrückt: das Selbst »erwartet« sein (Selbst-)Objekt vergeblich, es macht die Erfahrung, daß es nicht mächtig ist, sein potentielles Objekt zu bewegen.

Diese Erfahrung wird, wenn sie in und von der Umwelt immer wieder bestätigt wird, einem bedingten Reflex gleich, gefestigt. Die Psychoanalyse versucht, dem Patienten seine, von der Übertragung solcher alten Erfahrungen bestimmten Erwartungen und sein dementsprechendes selbst-schädigendes Verhalten aufzuzeigen und erfahren zu lassen. Die traumatischen Erfahrungen mit der außengesteuerten, über-ich-haften, selbst-losen Mutter wiederholen sich in einem starren Setting.

Das Setting schränkt meiner Ansicht nach den Gebrauch der Sinnlichkeit ein. Es widerspricht der freien Assoziation und deren Kreativität und behindert das Wahr-nehmen eines Bedarfs. Durch das Setting wird ein ideologisches Moment eingeführt, das den Patienten anregt, die Erwartungen des Therapeuten zu befrieden. Manche Analytiker sind der Meinung, der Therapeut dürfe seine Befriedigung über die Regungen des Patienten nicht verraten; er solle *seine* Aha-Erlebnisse nicht kundtun, er müsse das Eins-werden mit dem Patienten, die wechselseitige Selbst-Objekt-Beziehung verheimlichen, m. E. also das vormals pathogene Verhalten der Mutter perpetuieren.

Wie einst das Kind u. a. starr zum geregelten Essen angehalten wurde, weil es Frühstücks-, Mittags- oder Abendbrotzeit war, und auf diese Weise das Zum-Essen-Kommen entfremdet, zu einer Pflicht gemacht wurde, so wirkt sich jetzt die auf Minuten streng eingehaltene Therapie-Ordnung, Stundenzeit auf den Patienten aus. Als ob diese nicht von der Realität der Beteiligten, die sich natürlich immer wieder ändern kann, bestimmt werden dürfe. Dieses Setting-Moment wird de facto zu einem *pädagogischen* Moment in der Beziehung der Gesprächs*partner*; pädagogisch, wie immer unter dem Vorwand, dem Wohl des Patienten zu dienen. Eine solche »Ordnung« verhindert das Wahr-nehmen der Realität als das eigentlich ordnende Element.

Das vom Hunger weitgehend unabhängige Füttern des Kindes, das meist sehr früh schon geprobt wird, führt u. a. zu der später so oft gestellten Frage, was es tun, was es spielen *soll.* Genau dieses Verhalten wird dem Patienten nahegelegt: er *soll* alles sagen, sich an die *Grundregel* halten usf. Der Patient hat als Kind erfahren, daß er oft, allzu oft, erst schreien, weinen, also leiden mußte, um gefüttert zu werden. Schlägt die Analyse nicht in diese Kerbe, wenn sie einen »Leidensdruck« beim Patienten postuliert? Die Lusterlebnisse bleiben dann weiterhin geheim und werden – durch Unterdrückung erst zum Leid geworden – dem Analytiker geklagt. So wird das Leid zum Bindeglied an den Analytiker wie einst an die Mutter. Die unfunktionelle, ideologiebewegte Mutter ist für das Kleinkind mit seinem entwicklungsgeschichtlich entstandenen »Wissen« unberechenbar. So wird sie zur geheimnisumwobenen Schicksalsmacht, die Befriedigung des kindlichen Bedürfnisses zum Glück, zum Lotteriespiel. Wird der Analytiker durch sein esoterisches Schweigen nicht auch zu einer allmächtigen, willkürlich bestimmenden, unerforschlichen Instanz? Die Erfahrungen mit autoritärem Denken, mit Über-Ich-Objekten in unserer Kindheit unterbinden die Sinnlichkeit, die Fähigkeit, Realität wahr-zu-nehmen. Sie rufen später in einer Art Wiederholungszwang Ordnungsmächte, autoritäre Figuren, Diktatoren auf den Plan.

Weil wir, auf diese Weise realitätsuntüchtig geworden, im Umgang mit Entscheidungsmöglichkeiten unerfahren sind, fürchten wir uns davor, »von selbst« zu handeln und dadurch »schuldig« zu werden. Der Ruf nach Einhaltung des Settings entspricht meiner Ansicht nach nicht selten dem Ruf nach Ordnung, Unfreiheit und Diktat.

Was aber soll an die Stelle des Settings treten?
Es ist ein vom Ich-Selbst bestimmtes Verhalten des Analytikers. Das Individuum, das über ein Ich-Selbst verfügt, dessen Selbst in der Erziehung quasi ungeschorener davongekommen ist bzw. in einer Analyse gefestigt wurde, ist aufgrund seiner besser funktionierenden Sinnlichkeit in der Lage, sich in seiner Um- und Innenwelt zu orientieren, für seine Existenz befriedigender tätig zu sein. Dieses Individuum fühlt sich in Einklang mit sich selbst, es hat eine *Identität*, ist in den meisten Lebenslagen Vertreter seiner selbst.
Der ideale Analytiker verfügt über diese Qualitäten. Er hat keine Abstinenzregel nötig, sondern vertritt allen Menschen gegenüber *seine* Realität, braucht also, da er im Besitz eigener Grenzen ist, keine äußeren Mauern. Er benötigt kein aus Ideologie, aus Ver- und Geboten bestehendes Setting. Der dialektische Umgang der beiden Gesprächspartner miteinander ermöglicht es ihnen, *ihre* innere und äußere Realität wahrzunehmen, mit einem *Menschen* als Gegenüber, der menschliche Attribute besitzt und nicht bloß als Projektionsfläche dient. Dieser Analytiker verbirgt seine Menschlichkeit *nicht*. Er ist im Besitz eines festen Maßstabs, nämlich seines die Realität einigermaßen zuverlässig *wahr*-nehmenden Ich-Selbst, und er erlaubt sich den Mut, seine Empfindungen und Wahrnehmungen kreativ, situationsgerecht und wahr zu äußern.
Einem solchen Analytiker gegenüber erlebt der Analysand, daß die Wirklichkeit nicht nur ohne Schaden wahrgenommen werden kann, sondern befriedigend und mit besten Erfolgen. Beide Gesprächspartner rehabilitieren gleichsam *ihre* Sprache, die dann immer mehr dem Ausdruck *ihrer* Wirklichkeit und nicht mehr – der Tradition

und Konvention entsprechend – deren Verhüllung dient.
Am Ende der therapeutischen Beziehung sollte die Übertragung im wesentlichen abgebaut und korrigiert sein. Beide Beteiligten sollten einander ergänzen, zueinander von Selbst zu Selbst stehen, selb-ander, das heißt eins zu zweit, also Partner sein. Beide erkennen dann ihre eigene Realität und die des jeweils anderen in der Beziehung, wähnen oder fürchten in ihrem Gegenüber keine Übertragungsfigur mehr. Arthur Miller charakterisiert in seiner Autobiographie ein solches Verhältnis zweier Menschen sehr treffend mit den Worten: »Es kommt ein Augenblick, in dem zwei Menschen erkennen, daß sie Freunde sind, daß sie sich unbeschwert trennen, wieder treffen oder wieder trennen können, ohne daß eine Abhängigkeit besteht. Das ist ein guter Augenblick.« (»Zeitkurven«, S. 655.)

Literatur

Borneman, Ernest, *Sex im Volksmund*, Reinbek: Rowohlt, 1974

Freud, Sigmund, »Vorlesungen zur Einführung in die Psychoanalyse«, in: *Gesammelte Werke*, Band XI, Frankfurt: S. Fischer Verlag, 4. Auflage 1966

Grunberger, Bela, Vortrag in: *Materialien aus dem Sigmund-Freud-Institut*, Band III, Frankfurt

Koestler, Arthur, *Der Mensch, Irrläufer der Evolution*, München 1978

Kohut, Heinz, *Narzißmus*, Frankfurt: Suhrkamp, 1973

Liedloff, Jean, *Auf der Suche nach dem verlorenen Glück*, München: Beck, 1980

Miller, Alice, *Das Drama des begabten Kindes*, Frankfurt: Suhrkamp, 1979

Miller, Alice, *Bilder einer Kindheit*, Frankfurt: Suhrkamp 1985

Miller, Arthur, *Zeitkurven*, Frankfurt: S. Fischer Verlag, 1987

Montagu, Ashley, *Körperkontakt*, Stuttgart: Klett-Cotta, 1984

Müller-Braunschweig, Hans, »Frühe Objektbeziehungen und künstlerische Produktion«, in: *Jahrbuch der Psychoanalyse*, Band III, Stuttgart: Verlag Hans Huber, 1964

Rost, Wolf-Detlef, *Psychoanalyse des Alkoholismus*, Stuttgart: Klett-Cotta, 1987

Russell, Bertrand, *Warum ich kein Christ bin*, Reinbek: Rowohlt, 1983

Spitz, René A., *Vom Säugling zum Kleinkind*, Stuttgart: Klett Verlag, 1967

Wuttke-Gronenberg, Walter, *Medizin im Nationalsozialismus*, Tübingen: Schwäbische Verlagsgesellschaft, 2. Auflage 1982

Register

Becker: Grundlagen der Mathematik. stw 114
Beckermann (Hg.): Analytische Handlungstheorie. Bd. 2: Handlungserklärungen. stw 489
– *siehe auch Meggle*
Bendix: Freiheit und historisches Schicksal. stw 390
– Könige oder Volk. 2 Bde. stw 338
Benjamin: Der Begriff der Kunstkritik in der deutschen Romantik. stw 4
– Benjamin über Kafka. stw 341
– Charles Baudelaire. stw 47
– Ursprung des deutschen Trauerspiels. stw 225
Materialien zu Benjamins Thesen ›Über den Begriff der Geschichte‹. Hg. von Bulthaup. stw 121
– *siehe auch Schweppenhäuser*
– *siehe auch Tiedemann*
Berkeley: Schriften über die Grundlagen der Mathematik und Physik. stw 496
Bernfeld: Sisyphos oder die Grenzen der Erziehung. stw 37
Bernfeld/Cassirer-Bernfeld: Bausteine der Freud-Biographik. stw 727
Bertram (Hg.): Gesellschaftlicher Zwang und moralische Autonomie. stw 450
Bilz: Studien über Angst und Schmerz. stw 44
– Wie frei ist der Mensch? stw 17
Bloch: Werkausgabe in 17 Bänden. stw 550-566
– Bd. 1: Spuren. stw 550
– Bd. 2: Thomas Münzer als Theologe der Revolution. stw 551
– Bd. 3: Geist der Utopie. Zweite Fassung. stw 552
– Bd. 4: Erbschaft dieser Zeit. stw 553
– Bd. 5: Das Prinzip Hoffnung. 3 Bde. stw 554
– Bd. 6: Naturrecht und menschliche Würde. stw 555
– Bd. 7: Das Materialismusproblem. stw 556
– Bd. 8: Subjekt – Objekt. stw 557
– Bd. 9: Literarische Aufsätze. stw 558
– Bd. 10: Philosophische Aufsätze. stw 559
– Bd. 11: Politische Messungen, Pestzeit, Vormärz. stw 560
– Bd. 12: Zwischenwelten in der Philosophiegeschichte. stw 561
– Bd. 13: Tübinger Einleitung in die Philosophie. stw 562
– Bd. 14: Atheismus im Christentum. stw 563
– Bd. 15: Experimentum Mundi. stw 564
– Bd. 16: Geist der Utopie. Faksimile der Ausgabe von 1918. stw 565
– Bd. 17: Tendenz – Latenz – Utopie. stw 566
– Leipziger Vorlesungen zur Geschichte der Philosophie. 4 Bde. stw 567-570
– Bd. 1: Antike Philosophie. stw 567
– Bd. 2: Philosophie des Mittelalters. stw 568
– Bd. 3: Neuzeitliche Philosophie 1. stw 569
– Bd. 4: Neuzeitliche Philosophie 2. stw 570
– Vorlesungen zur Philosophie der Renaissance. stw 252

200/2/6.88

200/3/6.88

200/4/6.88

Duerr: Ni Dieu – ni mètre. stw 541
Durkheim: Erziehung, Moral und Gesellschaft. stw 487
– Die Regeln der soziologischen Methode. stw 464
– Der Selbstmord. stw 431
– Soziologie und Philosophie. stw 176
Dux: Die Logik der Weltbilder. stw 370
Eckstadt/Klüwer (Hg.): Zeit allein heilt keine Wunden. stw 308
Eco: Das offene Kunstwerk. stw 222
Edelstein/Habermas (Hg.): Soziale Interaktion und soziales Verstehen. stw 446
Edelstein/Keller (Hg.): Perspektivität und Interpretation. stw 364
Edelstein/Nunner-Winkler (Hg.): Zur Bestimmung der Moral. stw 628
Eder: Die Entstehung staatlich organisierter Gesellschaften. stw 332
– Die Vergesellschaftung der Natur. stw 714
Eder (Hg.): Klassenlage, Lebensstil und kulturelle Praxis. stw 767
Ehlich (Hg.): Erzählen im Alltag. stw 323
– Sprache im Faschismus. stw 760
Eisenstadt (Hg.): Kulturen der Achsenzeit. 2 Bde. stw 653
Eliade: Schamanismus und archaische Ekstasetechnik. stw 126
Elias: Engagement und Distanzierung. stw 651
– Die höfische Gesellschaft. stw 423
– Über den Prozeß der Zivilisation. Bd. 1/2. stw 158/159
– Über die Zeit. stw 756
Macht und Zivilisation. Materialien zu Norbert Elias' Zivilisationstheorie 2. stw 418
Materialien zu Norbert Elias' Zivilisationstheorie. stw 233
Enzensberger, Chr.: Literatur und Interesse. stw 302
Erdély: Wie sag ich's meiner Mutter. stw 747
Erdheim: Die gesellschaftliche Produktion von Unbewußtheit. stw 465
– Psychoanalyse, Wissenschaft und Kultur. stw 654
Erikson: Dimensionen einer neuen Identität. stw 100
– Gandhis Wahrheit. stw 265
– Identität und Lebenszyklus. stw 16
– Der junge Mann Luther. stw 117
– Der vollständige Lebenszyklus. stw 737
Eschbach (Hg.): Bühler-Studien. Bd. 1/2. stw 481/482
Euchner: Naturrecht und Politik bei John Locke. stw 280
Evans-Pritchard: Hexerei, Orakel und Magie bei den Zande. stw 721
– Theorien über primitive Religion. stw 359
Evers/Nowotny: Über den Umgang mit Unsicherheit. stw 672
Fahrenbach: Die Philosophie Ernst Blochs im zeitgenössischen Kontext. stw 675
Fend: Die Pädagogik des Neokonservatismus. stw 475
– Sozialgeschichte des Aufwachsens. stw 693

200/5/6.88

200/6/6.88

200/7/6.88

200/8/6.88

200/9/6.88

200/10/6.88

200/11/6.88

Métral: Die Ehe. stw 357
Millar: Vom Ursprung des Unterschieds in den Rangordnungen und Ständen der Gesellschaft. stw 483
Minder: Glaube, Skepsis und Rationalismus. stw 43
Mittelstraß: Die Möglichkeit von Wissenschaft. stw 62
– Wissenschaft als Lebensform. stw 376
Mittelstraß (Hg.): Methodenprobleme der Wissenschaften vom gesellschaftlichen Handeln. stw 270
Mitterauer/Sieder (Hg.): Histor. Familienforschung. stw 387
Mommsen: Max Weber. Gesellschaft, Politik und Geschichte. stw 53
Moore: Soziale Ursprünge von Diktatur und Demokratie. stw 54
– Ungerechtigkeit. stw 692
Morris: Pragmatische Semiotik und Handlungstheorie. stw 179
– Symbolik und Realität. stw 342
Müller/Staff (Hg.): Staatslehre in der Weimarer Republik. stw 547
Münch: Theorie des Handelns. stw 704
Needham: Wissenschaft und Zivilisation in China. stw 754
– Wissenschaftlicher Universalismus. stw 264
Nelson: Der Ursprung der Moderne. stw 641
Neurath: Wissenschaftliche Weltauffassung, Sozialismus und Logischer Empirismus. stw 281
Niehues-Pröbsting: Der Kynismus des Diogenes und der Begriff des Zynismus. stw 713
Niemitz (Hg.): Erbe und Umwelt. stw 646
Niethammer (Hg.): Lebenserfahrung und kollektives Gedächtnis. stw 490
Nowotny: Kernenergie: Gefahr oder Notwendigkeit. stw 290
O'Connor: Die Finanzkrise des Staates. stw 83
Oelmüller: Die unbefriedigte Aufklärung. stw 263
Oppitz: Frau für Fron. stw 731
– Notwendige Beziehungen – Abriß der strukturalen Anthropologie. stw 101
Oser: Moralisches Urteil in Gruppen. stw 335
Oser/Fatke/Höffe (Hg.): Transformation und Entwicklung. stw 498
Otto/Sünker (Hg.): Soziale Arbeit und Faschismus. stw 762
Pannenberg: Wissenschaftstheorie und Theologie. stw 676
Parmenides: Vom Wesen des Seienden. stw 624
Parsons: Gesellschaften. stw 106
– *siehe auch Schluchter (Hg.): Verhalten*
– *siehe auch Schütz/Parsons*
Peirce: Phänomen und Logik der Zeichen. stw 425
– *siehe auch Apel*
Piaget: Die Bildung des Zeitbegriffs beim Kinde. stw 77
– Einführung in die genetische Erkenntnistheorie. stw 6
– Weisheit und Illusionen der Philosophie. stw 539
– *siehe auch Furth*
– *siehe auch Schöfthaler/Goldschmidt*
Plessner: Die verspätete Nation. stw 66
Polanyi, K.: Ökonomie und Gesellschaft. stw 295

200/12/6.88

Polanyi, K.: The Great Transformation. stw 260
Polanyi, M.: Implizites Wissen. stw 543
Pothast: Die Unzulänglichkeit der Freiheitsbeweise. stw 688
Quine: Grundzüge der Logik. stw 65
– Wurzeln der Referenz. stw 764
Rammstedt: Deutsche Soziologie 1933-1945. stw 581
Rawls: Eine Theorie der Gerechtigkeit. stw 271
Redlich/Freedman: Theorie und Praxis der Psychiatrie. stw 148
Reif (Hg.): Räuber, Volk und Obrigkeit. stw 453
Reinalter: Die Französische Revolution und Mitteleuropa. stw 748
Reinalter (Hg.): Demokratische und soziale Protestbewegungen in Mitteleuropa 1815-1848/49. stw 629
– Freimaurer und Geheimbünde im 18. Jahrhundert in Mitteleuropa. stw 403
Richards: Prinzipien der Literaturkritik. stw 484
Riedel: Für eine zweite Philosophie. stw 720
Ritter: Metaphysik und Politik. stw 199
Rodinson: Islam und Kapitalismus. stw 584
Rorty: Der Spiegel der Natur. stw 686
Rosenbaum: Formen der Familie. stw 374
Rosenbaum (Hg.): Familie und Gesellschaftsstruktur. stw 244
Rossi: Vom Historismus zur historischen Sozialwissenschaft. stw 699
Roth: Politische Herrschaft und persönliche Freiheit. stw 680
Saage: Arbeiterbewegung, Faschismus, Neokonservatismus. stw 689
Sandkühler (Hg.): Natur und geschichtlicher Prozeß. Studien zur Naturphilosophie F. W. J. Schellings. stw 397
Schadewaldt: Die Anfänge der Geschichtsschreibung bei den Griechen. stw 389
– Die Anfänge der Philosophie bei den Griechen. stw 218
Schäfer (Hg.): Mikroskopie der Forschung. stw 766
Schefold (Hg.): Ökonomische Klassik im Umbruch. stw 627
Scheidt: Die Rezeption der Psychoanalyse in der deutschsprachigen Philosophie vor 1940. stw 589
Schelling: Ausgewählte Schriften. 6 Bde. stw 521-526
– Bd. 1: Schriften 1794-1800. stw 521
– Bd. 2: Schriften 1801-1803. stw 522
– Bd. 3: Schriften 1804-1806. stw 523
– Bd. 4: Schriften 1807-1834. stw 524
– Bd. 5: Schriften 1842-1852. 1. Teil. stw 525
– Bd. 6: Schriften 1842-1852. 2. Teil. stw 526
– Philosophische Untersuchungen über das Wesen der menschlichen Freiheit. stw 138
Materialien zu Schellings philosophischen Anfängen. Hg. von M. Frank und G. Kurz. stw 139
– *siehe auch Frank*
– *siehe auch Sandkühler*

200/13/6.88

Scherf: Marx und Keynes. stw 635

Schleiermacher: Hermeneutik und Kritik. stw 211

Schlick: Allgemeine Erkenntnislehre. stw 269

– Fragen der Ethik. stw 477

– Philosophische Logik. stw 598

– Die Probleme der Philosophie in ihrem Zusammenhang. stw 580

Schluchter: Aspekte bürokratischer Herrschaft. stw 492

– Rationalismus der Weltbeherrschung. stw 322

Schluchter (Hg.): Max Webers Sicht des antiken Christentums. stw 548

– Max Webers Sicht des okzidentalen Christentums. stw 730

– Max Webers Studie über das antike Judentum. stw 340

– Max Webers Studie über Hinduismus und Buddhismus. stw 473

– Max Webers Studie über Konfuzianismus und Taoismus. stw 402

– Verhalten, Handeln und System. Talcott Parsons' Beitrag zur Entwicklung der Sozialwissenschaften. stw 310

Schmidt (Hg.): Der Diskurs des Radikalen Konstruktivismus. stw 636

Schmidt-Biggemann: Theodizee und Tatsachen. stw 722

Schnädelbach: Philosophie in Deutschland 1831-1933. stw 401

– Vernunft und Geschichte. stw 683

Schnädelbach (Hg.): Rationalität. stw 449

Schnelle (Hg.): Sprache und Gehirn. stw 343

Schöfthaler/Goldschmidt (Hg.): Soziale Struktur und Vernunft. stw 365

Scholem: Die jüdische Mystik in ihren Hauptströmungen. stw 330

– Von der mystischen Gestalt der Gottheit. stw 209

– Zur Kabbala und ihrer Symbolik. stw 13

Schopenhauer: Sämtliche Werke in 5 Bänden. stw 661-665

– Bd. 1. Die Welt als Wille und Vorstellung I. stw 661

– Bd. 2. Die Welt als Wille und Vorstellung II. stw 662

– Bd. 3. Kleinere Schriften. stw 663

– Bd. 4. Parerga und Paralipomena I. stw 664

– Bd. 5. Parerga und Paralipomena II. stw 665

Materialien zu Schopenhauers ›Die Welt als Wille und Vorstellung‹. stw 444

Schütz: Das Problem der Relevanz. stw 371

– Der sinnhafte Aufbau der sozialen Welt. stw 92

– Theorie der Lebensformen. stw 350

Schütz/Luckmann: Strukturen der Lebenswelt. Bd. 1/2. stw 284/428

Schütz/Parsons: Zur Theorie sozialen Handelns. Ein Briefwechsel. stw 202

Schulze (Hg.): Europäische Bauernrevolten der frühen Neuzeit. stw 393

Schumann: Der Handel mit Gerechtigkeit. stw 214

200/14/6.88

200/15/6.88

Turgot: Über die Fortschritte des menschlichen Geistes. stw 657

Uexküll: Theoretische Biologie. stw 20

Ullrich: Technik und Herrschaft. stw 277

Vietinghoff-Scheel: Psychosoma-Analysen und trauma-analoge Verstehensmethode. 3 Bde. stw 744-746

– Aufzeichnungen eines seelischen Nacktflitzers. stw 745

– Es gibt für Schnee keine Bleibe. stw 744

– Seht doch, wie sie leben. stw 746

Vranicki: Geschichte des Marxismus. 2 Bde. stw 406

Wahl/Honig/Gravenhorst: Wissenschaftlichkeit und Interessen. stw 398

Wahl (Hg.): Einführung in den Strukturalismus. stw 10

Waldenfels: In den Netzen der Lebenswelt. stw 545

– Phänomenologie in Frankreich. stw 644

– Der Spielraum des Verhaltens. stw 311

Waldenfels/Broekman/Păzanin (Hg.): Phänomenologie und Marxismus. Bd. 1-4. stw 195/196/232/273

Warnke: Bau und Überbau. stw 468

Watt: Der bürgerliche Roman. stw 78

Weimann: Literaturgeschichte und Mythologie. stw 204

Weiß, J. (Hg.): Max Weber heute. stw 711

Weizenbaum: Die Macht der Computer und die Ohnmacht der Vernunft. stw 274

Welker (Hg.): Theologie und funktionale Systemtheorie. stw 495

Wellmer: Ethik und Dialog. stw 578

– Zur Dialektik von Moderne und Postmoderne. stw 532

Wesel: Juristische Weltkunde. stw 467

– Der Mythos vom Matriarchat. stw 333

Whitehead: Wissenschaft und moderne Welt. stw 753

– Prozeß und Realität. stw 690

Whitehead/Russell: Principia Mathematica. stw 593

Wiggershaus (Hg.): Sprachanalyse und Soziologie. stw 123

Winch: Die Idee der Sozialwissenschaft und ihr Verhältnis zur Philosophie. stw 95

Wind: Heidnische Mysterien in der Renaissance. stw 697

– Kunst und Anarchie. stw 622

Wittgenstein: Werkausgabe in 8 Bänden. stw 501-508

– Bd. 1: Tractatus logico-philosophicus. Philosophische Untersuchungen. stw 501

– Bd. 2: Philosophische Bemerkungen. stw 502

– Bd. 3: Ludwig Wittgenstein und der Wiener Kreis. stw 503

– Bd. 4: Philosophische Grammatik. stw 504

– Bd. 5: Das Blaue Buch. Das Braune Buch. stw 505

– Bd. 6: Bemerkungen über die Grundlagen der Mathematik. stw 506

– Bd. 7: Bemerkungen über die Philosophie der Psychologie. stw 507

200/16/6.88

Wittgenstein: Bd. 8: Bemerkungen über die Farben. Über Gewißheit. Zettel. Vermischte Bemerkungen. stw 508
– *siehe auch Kenny*
Wölfel: Jean-Paul-Studien. stw 742
Wollheim: Objekte der Kunst. stw 384
Wunderlich: Studien zur Sprechakttheorie. stw 172
Zenz: Kindesmißhandlung und Kindesrechte. stw 362
Zilsel: Die sozialen Ursprünge der neuzeitlichen Wissenschaft. stw 152
Zimmer: Philosophie und Religion Indiens. stw 26

200/17/6.88